汪波 著

农产品直播带货宝典

SPM
南方出版传媒
广东经济出版社
·广州·

图书在版编目（CIP）数据

农产品直播带货宝典 / 汪波著. —广州：广东经济出版社，2021. 10（2024. 2重印）
ISBN 978-7-5454-7935-5

Ⅰ. ①农… Ⅱ. ①汪… Ⅲ. ①农产品—网络营销 Ⅳ. ①F724.72

中国版本图书馆CIP数据核字（2021）第190735号

责任编辑：余 朔 蒋先润
责任校对：陈慧敏
责任技编：陆俊帆

农产品直播带货宝典
NONGCHANPIN ZHIBO DAIHUO BAODIAN

出 版 发 行	广东经济出版社（广州市环市东路水荫路11号11～12楼）
经 销	全国新华书店
印 刷	珠海市国彩印刷有限公司 （珠海市金湾区红旗镇永安一路国彩工业园）
开 本	730毫米×1020毫米 1/16
印 张	14
字 数	210千字
版 次	2021年10月第1版
印 次	2024年2月第3次
书 号	ISBN 978-7-5454-7935-5
定 价	35.00元

图书营销中心地址：广州市环市东路水荫路11号12楼
电话：（020）87393830 邮政编码：510075
如发现印装质量问题，影响阅读，请与本社联系
广东经济出版社常年法律顾问：胡志海律师

前 言

Preface

农产品直播带货，带出农产品销售新商机

小米科技董事长雷军说过一句话：“在风口上，猪也能飞起来。”

近年来，随着短视频技术的发展和各大短视频平台的崛起，直播带货成了一个新的商业风口，创造了一种全新的电商模式——直播电商。

2017年，淘宝网红主播薇娅捕捉到了直播带货的风口，当年即创下“2小时带货销售额2.67亿元”的纪录。2019年，薇娅团队全年直播带货销售额突破100亿元大关，超过了许多传统商业集团的年营业额。同年，淘宝平台另一网红主播“口红一哥”李佳琦带货纯收入近2亿元，超过了很多上市公司的净利润。

2018年，快手平台的直播带货业务也得到了迅猛的发展，全年直播电商在线交易规模为300亿元。2019年，快手平台的直播电商交易额已经猛增为1500亿元。在快手平台，头部网红的带货能力尤其惊人，以2020年11月为例，短短1个月，仅平台前20位头部主播的带货总销售额就已高达21.16亿元。

2020年4月1日，罗永浩开启抖音平台的直播带货首秀，实现交易总额

1.1亿元。

2020年1月新冠肺炎疫情的暴发，进一步推动了直播电商的井喷式发展。根据毕马威公司2020年10月发布的报告显示，2020年，中国直播电商规模达到10500亿元；而2021年，直播电商规模将接近2万亿元。

这是一块巨大的蛋糕，风口之下，越来越多的网络平台开启了直播带货业务，越来越多的主播加入直播带货的热潮中，其中既有网红主播、自媒体主播、明星主播、企业家主播，也不乏农民主播、官员主播和素人主播。

直播带货不仅带火了服饰、美妆、快消品等传统电商热卖品类，也带火了农产品，各地的特色农产品纷纷搭上了直播电商的快车。

在传统模式下，农产品尤其是非标农产品历来存在诸多销售痛点，比如生产周期长、销售周期短、销售渠道窄等问题，无法同更广泛的消费者建立直接联系，导致农产品滞销，卖不上好价钱，无法形成规模效应，农民增收困难。

而随着直播带货时代的到来，上述问题都迎刃而解。而且，我国地大物博、幅员辽阔，基本上每个地区都有各自的特色、优势农产品，都有各自的区域公用品牌农产品。这些农产品非常适合线上直播销售，借助网络直播间，可将各地具有地域性的优质特色农产品销售给全国范围内的消费者，极大地拓展了农产品的销售区域，提高销售收入，在很大程度上破解了农业小规模生产与大市场之间的矛盾。

由于农产品事关所在区域公用农产品品牌塑造、扶贫助农、脱贫攻坚，各地政府也都闻风而动，积极推动农产品直播电商的发展，大量地方政府官员化身“带货主播”，为当地特色农产品站台，不遗余力地推销所在地的特色农产品。阿里巴巴、京东、字节跳动、拼多多等互联网平台也纷纷推出直播助农活动，联合政府官员，组织网红、明星参与农产品公益直播，推出“村播”等各类农村直播培养计划，积极推动农产品进入网络直播间销售。

一时间，通过直播间销售农产品成了一种新的风尚。一场场直播结束，让原本滞销的农产品瞬间产生了惊人销量，也为农产品销售带来了新模式、新思路、新商机。

不过，直播带货是一项专业性非常强的商业营销活动，不仅需要了解产品属性，更要熟知网络直播带货的玩法和流程，持续分享优质内容，掌握涨粉技巧。同时，还要善于把控粉丝心理、懂得销售心理学，做好粉丝经营工作，要求主播具备方方面面的知识和综合素质。

本书将从农产品直播带货的适用性分析谈起，从直播平台选择、产品选择、主播选择、吸粉引流、直播筹备、直播带货全流程、交易促成、售后服务等农产品直播带货各个角度展开论述，打造农产品直播带货一本通。一本《农产品直播带货宝典》在手，深入研读学习之后，即可让你快速成长为农产品直播带货的实战高手。

汪波
2021年夏

目　录

Contents

第三章 产品选择：甄选适合直播的农业爆品

第四章 主播定位：因地制宜选择合适的主播

第五章 吸粉引流：粉丝运营与引流技巧

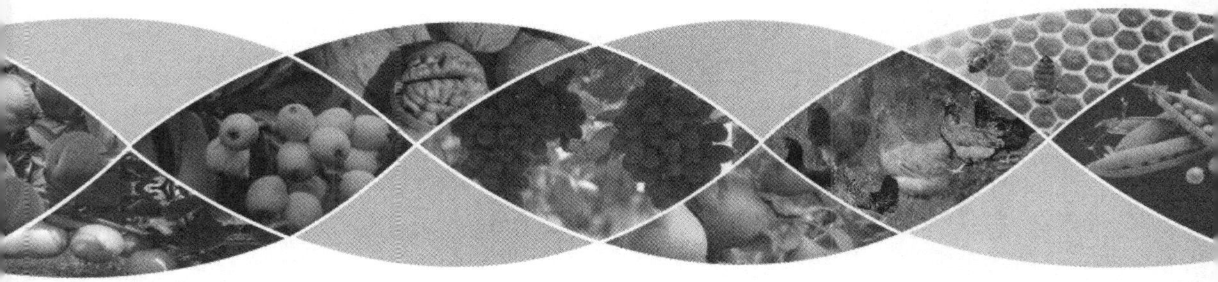

第一章

农产品＋直播：破解农业小规模生产与大市场之间的矛盾

【本章关键问题】

· 农产品如何抓住直播带货的风口？

· 农产品直播带货的优势和痛点何在？

· 农产品直播带货的操作模式有哪些？

· 农产品直播电商怎样才能摆脱低价模式？

· 农产品直播带货需要遵循哪些行业准则？

1. 直播带货是农产品销售新风口

直播带货是一种全新的电商模式，它是依托互联网平台，借助直播技术向消费者近距离实时展示商品、答复咨询、诱导购买的新型销售模式。直播带货模式下，消费者在直播间下单，商家线下发货，实现了消费者与商品“在线见面”、消费者与商家不接触式购物，满足了消费者购物不出门的需求，具有安全、快捷、方便等特点。

相对于传统销售模式，直播带货的优势表现在：

第一，实时性高。通过直播展示商品，能够让消费者仿佛身临其境置身卖场一般，比传统图文展示产品更直观，商品卖点可以得到完美展示，增强说服力。

第二，互动性强。在直播间，主播推介商品的同时，消费者也可以进行提问、互动，主播可以在答疑解惑中打消消费者的顾虑，促成交易。

第三，价格实惠。直播带货可以绕过中间商，直接同消费者实现无缝对接，往往可以做到超低价销售，尤其是一些超级网红，由于其粉丝多和销售规模保持高位，通常能拿到全网最优价，让利于粉丝。

直播带货是互联网发展形成的渠道、成本、技术等优势积累到一定程度的产物，是一个新的商业风口，小米科技董事长雷军说过一句话：“在风口上，猪也能飞起来。”意指商业新风口初期的红利效应。我们看到，那些在第一时间把控住直播带货机会的先行者，已经收获了丰厚的行业红利。

2017年，薇娅抓住了直播带货的风口，在淘宝平台异军突起，当年即创下了“直播最高观看人数超800万、2小时带货2.67亿元”的纪录。2018年，薇娅通过直播带货的方式完成了27亿元的销售收入。2019年，薇娅团队直播带货销售额更是突破了100亿元大关，薇娅成为直播带货行业第一人。

2018年3月8日，李佳琦在淘宝直播间，用不到6小时的时间，成交了23000单，完成了350余万元的销售额，成为“口红一哥”，爆红全网。2019年，李佳琦的带货收入近2亿元，超过了很多大型商业集团和上市公司的净利润。

据统计，2018年，仅淘宝平台的直播带货销售额就突破了1000亿元，有5家机构的销售额突破10亿元。2019年，随着淘宝直播的爆发，有超过50%的天猫商家都通过直播获得了新的业绩增长。

2020年，新冠肺炎疫情的暴发，进一步催火了无接触的直播带货电商模式。

2020年4月1日，罗永浩入驻抖音平台，带来抖音直播首秀，创下了抖音平台带货销售纪录——支付交易总额超1.1亿元。

2020年4月6日，央视主持人朱广权和李佳琦共同做了一场名为“谢谢你，为湖北拼单”的直播带货活动，仅仅2个小时，就售出了总价值4014万元的湖北商品。

直播带货在2020上半年究竟有多么火热，来看几个统计数据：

· Boss直聘发布的《2020上半年直播带货人才报告》显示：2020年上半年，直播带货相关人才需求量是2019年同期的3.6倍；

· 天眼查发布的《“双11”电商行业数据报告（2020）》显示，截至2020年10月，国内新增直播相关企业超过2.8万家，为2019年全年新增数量的5倍；

· 2020年4月30日，商务部大数据监测显示，一季度电商直播总量超过400万场；

· 艾媒咨询发布的数据显示，2019年中国直播电商行业的销售规模达到了4338亿元，2020年国内在线直播的用户规模达5.24亿人，市场规模突破9000亿元。

随着直播带货越来越火，除了美妆、服饰、快消品等常见的直播热门带货品类外，各地的农产品产销者也开始拥抱风口，纷纷加入直播带货的行列。

由于农产品事关地域经济发展、特色产品品牌塑造和脱贫攻坚，不仅商户和主播积极投身其中，各地政府也积极行动，很多地方政府官员也纷纷化身为“带货主播”，为当地农产品站台，不遗余力地推销当地的特色农产品。

2020年3月，陕西省周至县、宁夏回族自治区同心县、吉林省靖宇县、陕西省宜川县、黑龙江省虎林市和重庆市石柱县的6位书记、县长，走进“战疫助农”抖音直播间，向全国各地的网友推销当地特色农产品。

2020年4月18日，新华社与抖音联合举办“市长带你看湖北”直播，与湖北的黄冈、荆州、荆门、十堰、恩施5个市（州）的市（州）长，在抖音平台直播推荐农副特产，直播间累计观看人数达1100多万人，总计售出58万件货品，带货金额达2426万元。

另据商务部公布的数据：

· 在阿里巴巴平台，2020年第一季度，有超过600名县长、市长走进直播间，带动农产品销售额达60亿元；

· 在快手平台，“百城县长直播助农”活动实现了超过1.8亿元的销售收入；

· 在字节跳动平台（抖音、西瓜视频），截至2020年5月底，先后有100多位县长、市长走进抖音和西瓜视频直播间，促成农产品销售额超过1.16亿元。

随着短视频的流行，“直播卖货”成为一种主流的商业模式，在全国范围内，地方领导干部纷纷开直播为农民“带货”，农产品直播带货正在成为一种“新时尚”。一场场直播下来，滞销的蔬菜、水果等农产品从田间地头走上城市餐桌，巨大的销量让人惊叹，给农产品的销售带来了新的思路和商机。

“好风凭借力，送我上青云。”直播带货的风口已至，农产品销售也需与时俱进，转变思路，接受新事物，大胆尝试，搭上直播带货这趟快车，实现优质特色农产品在网络市场上的“平步青云”。

2. 农产品直播带货的优势和痛点

农产品直播成为新时期农民增收解困的市场利器，它能够有效解决农业小规模生产和大市场之间的矛盾，将农产品通过直播间展示给更多的受众，获得更多的销售机会和订单。

从直播带货的角度看，农产品也有其自身的优势和劣势，能否分清特定农产品的销售属性，是农产品直播带货能否取得成功的关键所在。

（1）农产品+直播带货的优势

农产品进入直播间，有其独特的优势，表现在：

第一，可以带来销量的爆发式增长。

如果说线下销售模式和传统电商的销售发展趋势是呈线性的，那么直播带货则可带来非线性、裂变式成交，大大提高商品爆单的概率。

【案例】

2020年4月21日，陕西省商洛市柞水县副县长张培进入了当地农民主播李旭瑛的淘宝直播间，推销柞水县的特色农产品木耳，还同淘宝网红主播李佳琦进行了连麦。与此同时，淘宝另一网红主播薇娅的直播间也在推介柞水木耳。

数据显示，当晚先后有2000万人进入3个直播间，24吨柞水木耳销售一空，实现销售额300万元，相当于柞水全县木耳在2019年4个月的销售量。

网络直播带货的无接触、可视化、互动性强等优势，可让进入直播间的农产品获得爆发式成交和爆单的可能，获得更多的销售机会。

第二，特色农产品更容易脱颖而出。

我国地大物博、幅员辽阔，基本上每个地区都有各自的特色、优势农产品，非常适合线上直播销售，能够将各地具有地域性的优质特色农产品销售给全国范围内的消费者，从而极大拓展农产品的销售区域，提高销售收入，提升知名度，形成地域品牌效应，带动特色产业发展，为所在地塑造一张响亮的产品名片，比如柞水木耳等。

另外，农产品的新、奇、特属性，比如怎么分辨西红柿有没有打催红素，什么样的西瓜更甜，什么样的小龙虾是干净的等，也会让那些没有农业生产经验或异地的消费者产生猎奇心理。主播就可以利用农产品的这些属性来进行知识普及和互动，在满足消费者好奇心的同时，还可让消费者产生信任感，培养长期消费的习惯。

第三，克服了消费者的选择性障碍。

农产品的一大特点是相似度很高，同质化现象严重，而主播以个人名气、影响力和信誉度作为背书，能够增强消费者对产品的信任，克服选择性障碍和降低选购的时间成本，从而能够更好地将农产品推销出去。

（2）农产品+直播带货的痛点

虽然直播带货正逐渐成为农产品走出滞销困境、促进农民增收的一种新途径，但农产品直播仍存在很多痛点和难点。

第一，人才瓶颈。

当前，我们看到很多农产品的直播带货主播主要还是所在地政府官员、网红、明星，他们投身农产品直播多是公益性质的，这显然不是长久之计，而农民亲自上阵直播带货的情况比较少。

在网红合作直播带货模式中，即使除去最顶部的网红不谈，腰部的网红，其坑位费动辄都在10万元左右，通常还要外加20%左右的销售提成，有些还会要求更高的提成率，这样的高额坑位费和高抽成率，显然不适合农产品，尤其不适合单打独斗的农产品散户卖家。

而如果让农民直接参与直播带货，可能也很难激发起消费者的购买欲望，首先是语言障碍，大多数农民都会存在普通话表达欠佳的问题，这会直接影响直播效果和互动效果；其次，农民也会存在带货经验不足的问题，不懂得如何在直播间发起话题、调动气氛，会让直播间氛围冷清、尴尬，从而影响消费者的购买欲望。

因此，要想突破农产品进入直播间的障碍，首先要打破农产品带货主播的人才瓶颈，启动新农主播带货培训计划，批量培养合格的农产品带货主播，而不仅仅是依靠官员、明星等进行公益性质的带货。

第二，标准化问题。

农产品不同于工厂流水线生产出来的标准化产品，往往标准化程度不高，尤其是在一些贫穷落后的中西部地区，农产品市场化水准较低，导致产品分级不细、品控不够严格，无法同成熟的电商模式实现无缝对接，导致消费体验不佳。例如，王女士在某直播间购买了赣南脐橙，收到货后非常失望，因为她在直播间看到的橙子又大又新鲜，而收到的货品则大小、品质都参差不齐。

第三，农产品供应链水平落后。

直播带货不是单纯的销售问题，需要一连串的后台系统支撑，当前，农产品直播带货背后的包装、仓储、冷链、物流等环节还相对薄弱。而且，很多农产品地处偏远地带，会对商品的保鲜和配送造成影响，有的消费者收到农产品时已经变质，导致出现各种各样的售后问题，顾客满意度较低。

农产品顺利进入直播间，赢得良好的顾客口碑，是一项系统工程，需要做大量的准备工作。在生产环节，就要做好农产品的标准化种植，统一品种、统一技术和管理，以确保农产品品质；在产后和售后，还要做好田头分级筛选、冷库保鲜、产品包装等工作，建立农产品初加工及精深加工标准化操作规范，打通冷链物流渠道，提升冷链物流保鲜技术。这样，才能确保农产品的品质，确保消费者在直播间看到的产品和买到手的产品真正是一个标准，避免出现“买家秀”与“卖家秀”的偏差。

3. 农产品直播带货的四大模式

直播带货的主要模式有店铺直播、限时秒杀、直播间出品、产地直播、竞拍直播、砍价直播等模式。其中，适合农产品直播卖货的模式主要有以下四种。

(1)店铺直播

店铺即网店，包括淘宝、天猫、京东、拼多多平台上的第三方网店，在符合平台条件的前提下，都可以开通直播权限，以直播的方式向目标用户推销产品，达到短时间吸引大量流量、产生高额销量的目的。据统计，很多淘宝店铺通过直播达到的成交转化率能提升20%～30%，有的商家甚至可以达到50%，店铺直播的带货能力非常惊人。

以阿里巴巴平台为例，淘宝店、天猫店、企业店都可以开通直播权限，只有极少数不符合平台要求的店铺无法开通直播。

店铺直播的主播可以是店铺老板、老板娘、客服、模特，也可以是从外部请来的销售达人，无须限定身份、职业，形式非常灵活，只要能够吸引流量，能够完美地同消费者进行互动，都可以作为店铺的主播。

店铺直播以网店为依托，更容易上手，适合那些经营范围同农产品相关的网店。

(2)产地直播

产地直播，即在农产品的原产地进行直播，通过镜头和主播的现场讲解，让消费者零距离看到农产品的生产、加工过程，让消费者更真实、直观地看到产品的相关信息，提高信任度和对产品质量的认可度，从而提高成交转化率。比如，近年来常见于各类网络直播间的海产品捕捞、农产品现采现摘、采蜜摇蜜、土特产现场制作等各类农产品原产地直播，深受消费者追捧和喜爱，为当下最热门的一种农产品直播带货模式。

【案例】

2020年4月28日，湖北省长阳县副县长谢海红走进直播间开播，为长阳蜂蜜带货。直播中，谢海红同当地蜂蜜合作社负责人一起，亲自前往都镇湾镇响石村的养蜂基地，同养蜂协会会长及相关专家实地考察养蜂环境，现场交流采蜜技术，展示摇蜜过程，并对蜂蜜质量进行现场检测。

在直播过程中，谢海红还亲自泡蜂蜜、喝蜂蜜、品蜂蜜，介绍了长阳蜂蜜的优势、历史、养殖环境、食用功效等。

直播现场一度下起了大雨，但是主播们的现场带货热情依然没有被浇灭，他们带货助农的热情，也感染了直播间的消费者，在长达一个半小时的直播中，先后有上百万消费者进入直播间。

产地直播，真实直观，且来自现场的即时反馈相比于纯粹的图片和短视频会让商品显得更加真实，进而降低信任成本，是最适合农产品的一种直播带货模式。

（3）秒杀直播

秒杀是一种限时、限量、超低价的促销方式，即将热门商品在特定的直播时段内进行超低价限时销售，通过宣传预热，事先营造活动氛围，吸引更多流量。开播后，闻讯而来的消费者只要在特定时段内拍得该商品，便可用超低的价格买到原本价格相对较高的物品。由于商品性价比较高，且限时限量，上架的商品很可能瞬间就被一扫而空，机会稍纵即逝，有时甚至只需短短的一秒钟，商品就会被抢空而下架，这也是“秒杀”一词的来历。

【案例】

2020年4月10日晚，罗永浩在抖音直播间进行了一场公益秒杀直播，秒杀对象为123456份湖北秭归春橙，秒杀价格为1分钱5斤。这次活动是罗永浩同抖音官方合作的一次公益活动，罗永浩声称会将其直播首秀打赏的360万元补贴给湖北秭归县当地的果农，同时，该场直播的打赏所得也会捐赠给湖北。

开播后，罗永浩面对着镜头开始介绍："秭归脐橙一年售出2亿颗，是春天的当季水果，每年3月开始采摘，现摘先发，甜度可达17度，果肉无渣，所有同学准备好，我们来秒杀！"话音刚落，在短短11秒内，12.3万件秭归脐橙就被抢购一空。

秒杀直播的产品，通常不以营利为目的，甚至通过亏本的方式来实现营销和吸粉引流，主要目的是提升产品知名度和主播影响力。

（4）村播模式

村播模式是针对农特产品展开的一种重要直播带货方式，主播基本上是普通农民或者是县乡镇政府的官员、领导等，目的就是以直播带货的方式销售农特产品。

村播模式在下沉市场尤其火爆，截至2020年3月底，国内已经有超过6万名农民入驻淘宝直播，成为农民主播。同时，淘宝官方还发布村播计划2.0，联合陕西、山东、河南等多个省区市的商务和农业部门共同扶持村播，计划孵化20万名新农民走入直播间，助力农民增收、脱贫。

此外，拼多多、京东、抖音、快手等互联网公司也在推动业务向农村地区的下沉，着手大范围培养村播，促进农产品网络销售。

4. 摆脱直播电商的低价模式

从上文的秒杀活动也可以看出，直播带货的一个最突出特点是低价模式，主播通过同品牌商进行杀价，比拼谁能拿到更低的商品折扣，商品折扣越低，越有助于带货成功，也往往能够吸引更多消费者进入直播间，以售出更多商品，从而获得更强的议价能力，让直播带货进入一种良性循环。

往往越是头部的网红直播，越有更强的议价能力，他们也占据了各大网络平台80%以上的流量，低价模式会加速资源和流量向头部主播集中，但这并不利于行业生态的长远健康发展。

低价模式下，企业为了保证利润，只能走薄利多销路线，发展到一定程度就会出现降低产品质量来确保盈利的短视举措，甚至推出一些功能、材质、质量都被阉割的电商款、直播款，久而久之，就会招致越来越多的负面口碑，产品也会逐渐走向消亡。

很多直播带货进入了这样一种死循环——靠低价才能走量，但低价模式下商家并不赚钱。而没有低价就没有销量，这是直播电商的核心痛点所在。诸如薇娅、李佳琦之类的网红主播为什么大受欢迎，其直播间动辄涌进数千万人？本质上还是因为网红效应和他们的议价能力强，确实能给消费者带来实惠的产品。

但尴尬的是，一些进入直播间的农产品也是如此，别说正常价销售无人问津，就连稍微低于成本价出售，也是下单者寥寥。在某新闻报道中，某县长进入直播间推销当地农产品，产品价格比正常售价低了10%左右，结果销量只有惨不忍睹的10余份。

我们不禁要问这样一个问题，农产品直播带货看起来很火爆，但农民真的受益了吗？真的赚到钱了吗？

事实上，依靠低价模式，农产品这种附加值本就不高的产品，显然很难赚到钱。农产品直播电商，必须走出传统直播带货的低价模式，摆脱以价取胜、以量取胜的模式，而应过渡到以质取胜，走农产品高溢价、高附加值的模式。

（1）通过低价模式提高知名度

农产品直播带货，前期可以借助低价模式，迅速提高产品知名度，带来大量订单，将产品的正面口碑传播出去，短时间内树立起农产品品牌，使其成为闻名全国的名特优产品，也成为所在地的金字招牌，获得品牌信誉和成为无形资产。

当品牌知名度提高之后，就要逐渐摆脱低价模式，以品质取胜，获得收益，真正让农民获利。

（2）打掉中间环节，让利于消费者

农产品直播电商的优势在于可直接越过各种中间商和中间环节，让农产品直接面向消费者进行销售，可将原本属于中间商的溢价和利润拿出一部分让利于消费者，这样既不损害农产品生产者的利益，同时还能以较低的价格吸引消费者，让利于消费者。

（3）确保农产品品质

无论是网络平台还是个人商家，对于进入直播间的农产品，应始终将品质放在第一位，做好品种选择、田头分级、安全检测等货源组织工作，坚决杜绝“只重流量，不顾质量；只顾价格，不顾利润；只顾短期收益，不顾长远利益”的行为。

（4）推进农产品生产的标准化进程

农产品标准化是现代农业的重要标志，是农产品高品质化、品牌化的基

础，也是提高农产品在直播间溢价能力的重要途径。

直播电商对于农产品销售而言，不过是提供了一个新的销售渠道，能够在一定程度上缓解农产品滞销的问题，但要想彻底解决农产品的销路问题，彻底解决农业增收问题，归根结底还要将农产品品质化、品牌化、标准化和产业化，即要打好农业底层基础，要下功夫，在这方面不能有丝毫的投机取巧。

（5）推动农业产业化进程

农业产业化是一个比较宽泛的话题，涉及农产品生产、包装、仓储、农村基础设施建设、物流运输、售后服务、电商人才培养等方方面面，同样需要下功夫。

（6）塑造品牌

对农产品而言，产业是基础，品质是保障，品牌才是竞争力。农产品只有通过标准化种植、专业化生产、品牌化塑造和一体化经营，在生产、销售两端齐发力，全方位提高农产品附加值和品牌力，才能提升农产品在直播带货领域的竞争力，才能让直播带货真正成为农产品长期销售动力的重要基础，而不仅仅是化解销售难题和处理库存的短期行为。

5. 了解直播带货基本行业术语

在刚接触直播带货的时候，你是不是也有同类疑问：

什么是控评?

什么是坑位费?

什么是GMV?

什么是直播间PV、UV?

什么是标品和非标品?

什么是纯佣主播?

……

相信这些直播带货的专有名词，会让很多新手一头雾水。而这些专有名词又是做好直播带货必须熟知的，这里为大家整理了一些常用的直播带货术语，以便大家快速入门。

（1）费用类直播术语（见表1-1）

表1-1 费用类直播术语

术语	定义
坑位费	即提供直播产品的商家向电商主播支付的费用，坑位费是固定费用，商家产品要想出现在直播间就要交坑位费，至于商品能否卖出去、卖多少，主播不打包票。 坑位费多少取决于主播的粉丝量、影响力和知名度，同时也取决于直播中的出场顺序。一般即便是同个主播的同场直播，商品坑位费也会不一样，顺序越靠前，坑位费越高

（续表）

术语	定义
佣金	即销售提成，即主播根据直播间商品的销量或销售额，向商家收取特定比例的抽成。佣金是独立在坑位费之外的，商家除了要支付坑位费，往往还要支付佣金。当然，这两种费用是否都要支付，要具体问题具体分析，不是绝对的
纯佣模式	即电商主播只收取佣金，不再向商家收取坑位费，佣金比例一般较高
定向佣金	即只针对某个、某些主播设定的佣金比例，通常是商家长期合作的主播或知名主播，定向佣金比例一般高于普通的佣金比例
服务费	即商家向直播机构支付的服务费用，一般按直播间商品销售额的一定比例支付
专属利益点	指只属于某个主播的独家赠品、产品价格等
音浪	即抖音直播间的虚拟货币，粉丝向主播打赏抖币后，主播会获得收益，叫作抖音音浪。音浪可提现，其提现比例为20：1，即20个音浪可兑换1元人民币

（2）直播间数据类术语（见表1-2）

表1-2　直播间数据类术语

术语	定义
GMV	即英文“Gross Merchandise Volume”的缩写，是指一定时间段内的直播间成交总额，也包含拍下未支付订单金额
客单价	即顾客的平均成交额，计算公式为：客单价=GMV÷直播间有消费的顾客总数
ROI	即英文“Return on Investment”的缩写，指投资回报率，直播间ROI的计算公式为：ROI=销售额÷坑位费。例如，某主播坑位费为5万元，某商品销售额为50万元，则ROI为1000%，通常，ROI越高，回报率越高
渗透率	直播间渗透率计算公式为：直播渗透率=直播产出的销售额÷当天总销售额
在线人数	即同一时间点，直播间的在线观看用户人数
直播间PV	即直播间访问次数
直播间UV	即直播间访问人数
人均在线时长	即用户在直播间平均停留的时长

（3）直播流量类术语（见表1-3）

表1-3　直播流量类术语

术语	定义
淘宝直播浮现权	指直播时商家在淘宝直播频道内展示的权限，是淘宝平台为直播间设置的引流入口，获得淘宝直播浮现权可为直播间导入更多流量
公域流量直播	即依托第三方平台的直播。商家、企业没有自己的私域流量池，需要借助第三方的流量资源完成直播，当下很多直播都是借助第三方如抖音、快手平台，大多的网红直播、明星直播都属于这种直播方式
私域流量直播	即企业、品牌已经建立相关的用户链接，或用App、小程序，或用微信群的方式建立了用户链接，形成了基于链接基础上的私域流量池。在此基础上，企业就可以进行基于私域流量池的直播

（4）直播互动类术语（见表1-4）

表1-4　直播互动类术语

术语	定义
控评	又名“空瓶”，用来控制直播间评论区的言论，主播通常会提前设置屏蔽一些负面的关键词，确保直播间的良性互动氛围。同时，管理员要随时关注直播间的新评论，避免出现不和谐的内容，避免被带节奏，破坏直播间氛围
带节奏	即直播间控场人员配合主播，在评论区刷评论，起到一个良好的带头作用，引导其他用户积极参与互动，引导用户购买产品
PK（对决）/PK连麦	即直播时，主播连线其他的主播，和其他主播玩互动游戏，有奖有罚，是一种比较常见的直播互动，是一种提升直播间人气的方法
助播	又称“副播”，即在直播间配合电商主播的助理，负责补充产品信息点、回答用户问题等工作

（5）直播产品类术语（见表1-5）

表1-5　直播产品类术语

术语	定义
引流款	用来为直播间导入流量、吸引人气的产品，通常为价格超低的商品，一般价格低至1元，甚至0元
利润款	以营利为目的的产品，又称“高价款”，价格高，利润高
标品	具有统一标准的产品，价格透明，比如手机、电脑、家电等都属于标品
非标品	没有明确规格和型号的产品，价格差距较大，产品款式、型号、标准、质量不一，比如服装、鞋类、农产品等
白牌	是相对品牌产品而言，指一些小厂商、小作坊生产的，没有品牌的产品，农产品多属于此类
C2M	英文“Customer-to-Manufacturer”的缩写，指用户指导生产，即根据用户需求来反向决定生产。目前主要有两种模式：一是直播间模式，主播根据丰富的选品经验，以及对粉丝画像及消费行为的洞察，打造适配直播间粉丝的C2M产品；二是平台模式，即通过电商平台将用户端与生产端直连，通过大数据分析，精准获取目标群体需求，进而确定定制产品
SKU	英文“Stock Keeping Unit”的缩写，即库存量单位，是一种库存进出计量的单位，比如：件、盒。SKU已经被引申为产品统一编号的简称，每种产品都有唯一的SKU号。对于一种商品，当其品牌、型号、配置、等级、颜色、单位、生产日期、保质期、用途、价格、产地等属性与其他商品存在不同时，便可称为一个单品
DSR动态评分	淘宝天猫的店铺评分，如果3项数据都是绿色，或者有一项低于4.7分，那么产品将无法在抖音商品橱窗上架
品牌专场	主播同特定品牌合作的直播带货专场，即这场直播只卖该品牌产品
拼场直播	主播在单场直播里，同时带货多个品牌的产品

(6)直播平台类术语(见表1–6)

表1–6　直播平台类术语

术语	定义
二类电商	指依托广告流量做销售的电商平台
巨量鲁班	指电商商家通过头条系(今日头条、西瓜视频、抖音等)资源位投放广告，吸引目标用户购买，与买家直接交易的电商模式
MCN	即网红孵化中心，是专门培养和扶持网红、达人的经纪公司或者机构
挂榜电商	当商家通过刷礼物，进入主播指定的排名内(比如前三)，主播就会与其PK连麦卖货。挂榜电商最早是快手平台上的直播带货玩法，目前抖音也有类似操作
DOU+	抖音推出的内容加热工具，用来帮助主播将内容推荐给更多用户
DOU+直播上热门	DOU+服务中的一项，也是抖音为主播提供的直播间加热工具。主播在直播前和直播中均可购买使用，可用来提升直播在推荐页的曝光率，吸引更多流量进入直播间
抖音小店	抖音平台为抖音达人提供的电商变现工具，帮助其拓宽内容变现渠道，类似淘宝店铺的性质。店铺开通后，可以在字节跳动系的其他应用中如今日头条、抖音、火山等进行关联销售，形成一个闭环
商品橱窗	即抖音的商品分享功能，开通后可在橱窗放置商品出售，粉丝下单后，主播可以赚取佣金
巨量星图	品牌主、MCN公司和明星、达人等进行内容交易的服务平台。商家可以根据自身需求，选择契合的抖音明星、网红、达人进行直播带货合作
浮现权	即主播在“手机淘宝—淘宝直播”频道展示的权限，需要满足一定条件才可获得
保证金	快手平台开通快手小店或者其他商品渠道都需要商家交纳保证金。此外，挂榜电商和主播合作时，也会有部分主播要求交纳保证金
快币	快手平台的虚拟货币，用于粉丝打赏给主播
小黄车	快手平台的购物功能。主播在直播间添加售卖商品后，直播间用户会看到“小黄车”，点击可查看并购买商品
快接单	快手官方推出的客户推广需求和达人变现诉求的撮合平台。商家可根据推广需求选择达人，发布直播推广订单。达人接单后，通过直播的形式，帮助客户达到商品销售或品牌营销等目的

6. 了解直播行业的基本规则

直播带货，是新媒体时代的一种新电商模式，它是粉丝经济、流量经济和线上经济合而为一的新经济形态，农产品进入直播间，表面上看通过一部手机就可以解决很多行业难题，诸如农产品滞销、扶贫、就业等问题，实际上直播带货同样是建立在后台系统之上的，直播带货参与者要想从中分得一杯羹，首先必须了解直播行业的基本规则，遵循直播行业的各项法规。

（1）遵守法律法规

直播带货是新事物，有关直播带货的法律法规正在逐步完善，当前直播带货需要遵循的法律法规主要有以下几部：

第一，《中华人民共和国电子商务法》。

2019年8月31日，第十三届全国人民代表大会常务委员会第五次会议在北京召开，会议表决通过了《中华人民共和国电子商务法》。该法是用于保障电子商务各方主体的合法权益、规范电子商务行为的专门法规，这也是我国电商领域首部综合性法律。

直播带货也属于电商，属电子商务经营者范畴，需受该法约束。

第二，《网络直播营销行为规范》。

2020年7月1日，由中国广告协会制定的《网络直播营销行为规范》正式实施，这也是首部关于直播行业的行为规范，共计六章四十四条。内容包含总则、商家、主播、网络直播营销平台、其他参与者、鼓励与监督六章。其中，同农产品直播相关的内容主要有：

第一章　总则

第五条 网络直播营销活动应当全面、真实、准确地披露商品或者服务信息，依法保障消费者的知情权和选择权；严格履行产品责任，严把直播产品和服务质量关；依法依约积极兑现售后承诺，建立健全消费者保护机制，保护消费者的合法权益。

第二章　商家

第十二条　商家是在网络直播营销中销售商品或者提供服务的商业主体。商家应具有与所提供商品或者服务相应的资质、许可，并亮证亮照经营。

第十三条　商家入驻网络直播营销平台时，应提供真实有效的主体身份、联系方式、相关行政许可等信息，信息若有变动，应及时更新并告知平台进行审核。

第十六条　商家应当按照网络直播营销平台规则要求提供真实、合法、有效的商标注册证明、品牌特许经营证明、品牌销售授权证明等文件。

第十七条　商家发布的产品、服务信息，应当真实、科学、准确，不得进行虚假宣传，欺骗、误导消费者。涉及产品、服务标准的，应当与相关国家标准、行业团体标准相一致，保障消费者的知情权。

第十八条　商家应当依法保障消费者合法权益，积极履行自身作出的承诺，依法提供退换货保障等售后服务。

第三章　主播

（主播这一章的所有内容，直播参与者需要学习了解。）

（2）遵守网络平台相关规定

直播带货需要依托特定的网络平台进行，每个网络平台对于直播带货活动都有自己的规定，直播带货务必在平台规定下进行，不可触碰平台“红线”，否则就会面临被处罚、被限流、被封禁等后果。

以抖音平台为例，其直播带货规定主要有：

第一，直播间禁止出现硬性引流广告。

所谓硬性引流广告，即在直播间打出的微信号、QQ号、手机号、二维码等，这些硬广告信息一旦被平台检测到，轻则会被限流，重则会被封禁。

第二，禁止传播负面信息。

抖音直播间散播负面消息，包含但不限于输出消沉观点、形成负面信息导向、诱导未成年人打赏主播、污蔑等行为。一经发现，会被平台处以限流、停播等惩罚。

第三，直播间封面忌低俗。

直播间封面图片是吸引流量进入的关键要素，一张抓人眼球的封面配图有助于吸引大量观众进入直播间。因此，有些主播就不择手段地将一些庸俗、低俗甚至是衣着暴露、姿势轻佻、涉嫌色情的图片设置为直播间封面，这种做法也会被平台处罚。

第四，直播间不得出现违禁品。

抖音直播间禁卖产品包含但不限于：防身喷雾、激光笔等管制器具；烟花爆竹等易燃易爆物；带有色情、暴力行为、庸俗内容的产品；保健品、药物等产品。

（3）农产品直播销售“八要八不要”

随着直播带货的热度越来越高，直播成交规模越来越大，行业参与者亦是鱼龙混杂，一些诸如卖假货、虚假宣传、刷单乱象、引导交易、维权难等行业乱象也层出不穷。

因此，为了避免被流量反噬，避免直播带货行业盛极而衰，昙花一现，需要严格遵守相应准则和商业规范，避免将“线下卖不出的产品拿到线上卖”，杜绝有安全隐患、假冒伪劣、质量不达标的商品进入直播清单，并积极处理各种售后问题，提高消费者满意度。

这里，分享一份广东省发布的农产品直播“八要八不要”倡议书。

一、要厘清定位，不要大包大揽

要认清直播只是农产品营销的方式之一，本质是地方政府推动数字农业新技术、新媒体的顶层设计和实施策略，目的是让“小农户”连接上“大市场”；不要把直播看成是农产品销售的“万能钥匙”而盲目追捧，不能什么农产品都一窝蜂通过直播带货。

二、要全盘统筹，不要片面思维

要把直播嵌入农产品品牌构建、全域营销的链条中，打造产业闭环，利用新技术手段优化营销生态、提高营销效能；

不要片面地把直播视为价格战营销手段，不作为孤立的工作去推进。

三、要长期布局，不要急躁冒进

要把直播当作一项长效的工作来抓，兼顾中长期目标，完善农村电商发展体系；不要幻想单靠一两次直播带火一款乃至一地农产品，沾染浮夸冒进的风气。

四、要练好内功，不要全盘外包

要认认真真打造本地直播带货账号，踏踏实实培育本地农人主播，积极打造直播电商生态圈；不要完全依靠第三方服务和平台流量，忽略资源沉淀。

五、要解决痛点，不要虚有其表

要认识到直播的目的是带动销售、提升品牌，相关部门做好直播监督和引导，提前做好功课、合理定价，以内容和品质取胜；不要为播而播、仓促上马、敷衍了事，避免跑偏。

六、要尊重规律，不要浮夸营销

要在尊重市场规律的基础上合理提升产品性价比，顺应互联网消费者的需求和习惯，加强网络营销特色，保证生产方合理利润、消费者赢得实惠。镜头前是“面子”，考验的是“里子”；不要为了博眼球、博销量而盲目降价，甚至“赔本赚吆喝”。

七、要利农惠民，不要欺农欺客

要选择地方特色、优质农产品，准确客观介绍产品，直播是形式，产品是内核。良好的消费体验、品质过硬的产品才是直播经济生存发展的根本。不要夸大宣传忽悠消费者，“买家秀”和“卖家秀”对比强烈，最终只会伤了客户、伤了信誉、伤了农产品的口碑。

八、要做好保障，不要播完了事

要严格把关农产品质量，做好直播销售的合理备货，做好分拣、包装、发货、售后等所有环节的保障工作，保证到货质量，给予消费者良好的购物体验；不要只顾接单不顾保障，供应链环节损耗过大只会增加客诉率、退单率。

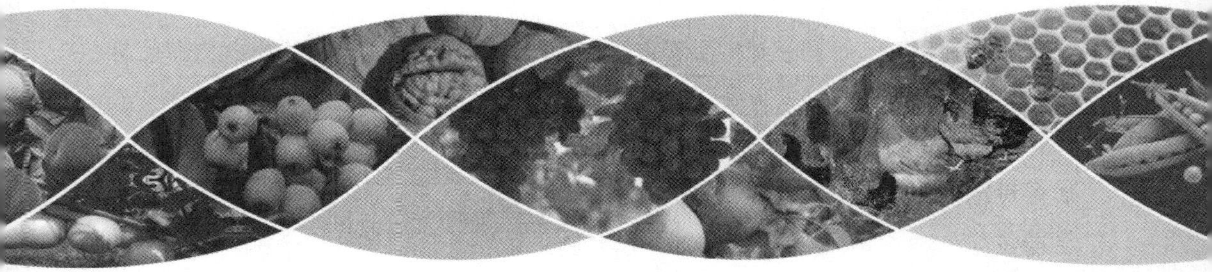

第二章

平台布局：熟悉各大平台的开播机制

【本章关键问题】

· 农产品可以进驻的直播带货平台有哪些？

· 各大平台如何开通农产品直播带货权限？

· 哪个平台最适合农产品直播电商？

· 农产品直播带货如何进行平台布局？

1. 淘宝直播：开通条件及开通流程

淘宝是一个重要的直播带货平台，阿里巴巴发布的《2020淘宝直播新经济报告》显示，在2019年内，淘宝直播用户总量已达4亿，全年成交额突破2000亿元大关。

截至2019年末，淘宝直播用户每天在淘宝直播上观看的直播时长总计达35万个小时，淘宝直播间覆盖了全球73个国家的工厂、田间、档口、商场、街头和市场。

截至2020年2月，淘宝直播待播服务商数量达到200家，淘宝直播MCN数量超过1000家。淘宝内容电商事业部总经理俞峰提出，淘宝要在2020年打造10万个月收入过万的主播，100个年销售过亿的MCN机构，并发布500亿资源包，覆盖资金、流量和技术。

淘宝直播作为一个巨大的流量平台和资源平台，让主播和商家们趋之若鹜，那么，入驻该平台的要求和流程是怎么样的呢？

（1）淘宝直播开通权限

可在淘宝平台开通直播权限的用户有两种：淘宝店铺和达人，分别要满足如下条件才可开通（见表2-1）。

表2–1　淘宝店铺和达人直播开通条件

淘宝店铺（个人店铺和企业店铺）	达人（非商家、消费者）
1. 绑定支付宝且经实名认证的淘宝账号	1. 绑定支付宝且经实名认证的淘宝账号
2. 淘宝店铺等级在一钻及以上（企业店不受限）	2. 达人账号层级达到L2级或以上
3. 店铺微淘层级L1以上	3. 具有良好的控场能力，要求口齿伶俐、思路清晰，能够较好地同粉丝进行互动
4. 店铺主营类目在线商品量≥5，店铺近30日销量≥3件，近90天店铺成交金额≥1000元	4. 通过淘宝新人主播基础知识考试
5. 卖家具有相应的客户运营能力，在本自然年度内没有出售假冒商品违规记录，且没有严重违规行为，被扣分少于6分	—

（2）淘宝直播开通流程

淘宝店铺和达人开通淘宝直播的流程也不一样，分别如下：

其一，淘宝店铺直播开通流程。

打开淘宝客户端店铺账号后台，点击“商家自运营中心”，找到“淘宝直播中控台”，平台会自动审核店铺是否具备开通直播的条件，满足条件的店铺按指示流程开通即可；不满足条件的，设法先去查缺补漏，待条件满足后，再开通。

需要注意的是，除房地产、内衣等极个别类目不允许开通直播外，其他细分类目都可以开通，农产品类也没有限制。

其二，达人直播开通流程。

第一步：下载淘宝直播App。

第二步：登录淘宝账号，在资讯板块找出“主播招募”，完成平台认证，填写相关资料，并进行在线考试，考试成绩合格就可以成为达人主播。

第三步：发布至少5条原创内容，用于涨粉。

第四步：申请大V认证。

第五步：通过大V认证后，申请开通淘宝直播，发布一条视频，等待官方审核直播权限。

第六步：通过审核，完成开通淘宝直播，就可以开始直播了。

另外，这里再强调一下直播浮现权，所谓直播浮现权，是指淘宝平台给卖家的系统自动智能排名，直播浮现权在直播间非常重要，是有无曝光权的象征。通常，如果主播的粉丝比较活跃，主播就可以获取浮现权的奖励。因此，要想获取浮现权首先要做好直播间粉丝运营工作。淘宝直播浮现权开通之后，直播间流量也会随之增加，直播间也会拥有更多曝光机会，在直播频道的首页进行浮现，能够让更多的人看到，从而吸引更多的流量进入直播间。

达人如果想要一直维持淘宝直播浮现权，需要满足以下考核条件：

第一，考核周期：从2020年3月1日开始，淘宝平台每隔15天对淘宝主播进行考核。

第二，考核范围：获得直播发布权限15天以上，在考核周期内近15天内发布直播（直播时常在30分钟以上）5次以上的淘宝达人主播（非机构主播）。

第三，考核数值：场均观看UV（直播观看人数）≥50，人均观看停留时长≥0.5分钟（直播的内容要符合平台要求的内容规范）。

2. 抖音直播：入驻流程与操作技巧

抖音是一个巨大的自生流量体，2021年1月5日，抖音发布《2020抖音数据报告》，该报告显示，截至2020年8月，连同抖音火山版在内，抖音日活用户已经突破6亿，且每日都在刷新中。截至2020年12月，抖音日均视频搜索量突破4亿次。

抖音作为一个价值不可估量的流量蓝海，盛名之下，越来越多的品牌和商家来到抖音营销、带货、变现。

2018年6月，抖音开始挑选100个账号内测直播电商功能，正式拉开了抖音直播电商的帷幕。当年“双11”期间，抖音直播带货成交额已突破2亿元。

2020年上半年，抖音平台力推直播带货，密集策划了多个直播带货活动。

- 新冠肺炎疫情期间，抖音推出“宅家云逛街”计划，向线下商场、门店、工厂、个体商家提供10亿直播流量扶持，用来帮助商家在抖音线上进行直播卖货。
- 3月下旬，抖音发起“战疫助农，县长直播”活动，其中，在安徽特色产品专场直播中，有6位县长亲自进入直播间为本地产品代言带货，累计销售额超过2010万元，临泉县芥菜、舒城县茶油、石台县富硒茶等特色农产品一度售罄。
- 4月22日，抖音平台上发起的“抖in好物节”，开播194场，累计在线观看人数高达1.4亿人，累计销售额达1.2亿元。

2020年上半年，抖音直播带货金额达119亿元。2020年，仅湖北商家在抖音平台就实现带货收入达41亿元（见图2-1）。

图 2-1 抖音线上直播经济成绩单①

对农产品直播带货的一个利好消息是，抖音平台比较注重对素人、平民的扶持，有助于更多的农产品带货主播、村播入驻抖音平台，并获得流量支持。

抖音直播带货功能开通流程如下：

（1）开通直播带货权限

其一，开通直播权限。

获得抖音直播权限，有三种途径：

① 资料源自《2020 抖音数据报告》。

·早期开通者。前期抖音曾开放过直播申请，当时门槛比较低，有一定原创视频和粉丝量的用户都可以开通，现在具有直播权限的用户有很多都是那个时期开通的直播权限。

·平台邀请型。对于一些外表出众、才艺俱佳的主播，抖音平台会主动邀请开通直播。

·自愿申请型。抖音平台的直播申请条件在不断变更中，申请门槛总体呈下降趋势。

当前，开通抖音直播权限的条件有：

·个人主页非隐私视频数≥10条。

·抖音账号粉丝数≥1000人。需要注意的是：如果某抖音账号当天的粉丝数刚好超过1000，则第二天直播分享商品权限才会生效。

其二，开通商品橱窗权限。

开通抖音商品橱窗需要满足以下条件：

·账号需实名认证。

·个人主页视频数（公开且审核通过）≥10条。

·账号粉丝数≥1000人。

开通商品橱窗后，主播不仅拥有个人主页的商品橱窗功能，还支持在视频和直播中添加并分享商品。也就是说，当开通抖音商品橱窗后，就能获得视频购物车和抖音直播带货的权限。

（2）入驻抖音小店

抖音直播间的商品需来自抖音小店，抖音小店入驻流程如下：

第一步：账号注册与登录。

使用电脑访问抖音小店官网，可以选择头条账号、抖音账号、火山账号中的任意一种渠道账号进行注册或登录（见图2-2）。

需要注意的是：

·注册成功后，登录方式将无法自助修改，所以要尽可能地选择最稳妥

图 2-2　登录抖音小店

的方式保管登录账号。

・渠道App上的账号仅用于注册和登录使用，至于抖音小店店铺与渠道号的关联，则需要抖音小店店铺营业后到店铺的渠道绑定中进行绑定。

・不要随意注销渠道App上的账号，因为注销后，将无法再登录抖音小店。

第二步：选择店铺类型。

入驻抖音小店，主要有两种类型：企业入驻和个体工商户入驻（见图2–3）。

图 2–3　抖音小店开通主体类型

第三步：选择适合自己的入驻类型。根据提示开始填写主体信息和店铺信息。

第四步：签订合同。填完信息之后，同平台签订合同。

第五步：信息审核。合同签订后，等待平台审核信息，然后打款验证。对于企业商家，必须使用与营业执照名称一致的对公账户进行校验。个体工商户商家，可以使用与营业执照名称及其一致的对公账户进行校验，或者使用与营业执照中经营者名称及其一致的对私账户进行校验。

第六步：交纳保证金。保证金交纳后，抖音小店即入驻成功。

（3）添加商品

开播之前，主播需要将抖音小店的商品添加到商品橱窗，再添加到直播间，这一工作务必要在直播开始之前进行。

（4）开播预告

为了获得良好的直播带货效果，通常在直播开始前的3～5天，主播就要通过各种途径，比如抖音短视频、微信朋友圈、微博、微信公众号等平台进行预告、预热，告知消费者直播的时间、主题、带货商品的信息以及奖励措施等，实现站内外引流。

3. 快手直播：入驻流程与操作技巧

快手的定位是内容社交平台，截至2020年6月30日，快手已经是——

· 全球以平均日活跃用户数计为第二大的短视频平台。

· 全球以虚拟礼物打赏流水及直播平均月付费用户计为最大的直播平台。

· 全球商品交易总额计为第二大的直播电商平台。

快手招股书中引用的艾瑞咨询数据显示，2020年前6个月，快手平均日活跃用户达2.577亿人（见图2-4），用户在快手平台累计开展了10亿场直播活动。

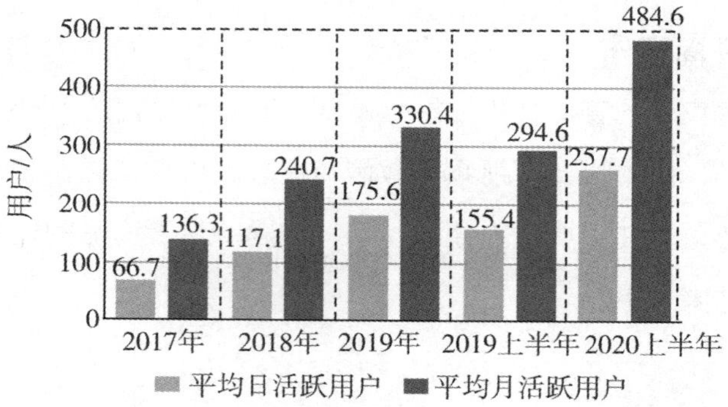

图 2-4 快手活跃用户数据统计[①]

2018年，快手直播电商在线交易规模为300亿元。2019年，快手的在线交易额已猛增至1500亿元。

2020年，快手直播带货规模进一步扩大，超级网红的直播带货能力突出，以2020年11月为例，快手平台前20位头部主播的带货总销售额就已达

① 资料源自数途数据。

21.16亿元。

快手是最早的短视频应用之一，同抖音类似，但定位和用户画像又有所不同。

· 定位。抖音定位时尚潮流，主张“记录美好生活”；快手面向大众用户，鼓励各类原创生活视频，宣扬“每个人都值得被记录”。

· 用户画像。抖音用户多集中于一线、二线城市，收入、学历相对较高；快手用户在三线、四线城市和农村渗透率较高，收入和学历相对较低。

· 运营模式。抖音运营更激进，擅长主动出击，注重明星流量和品牌入驻，广告营销价值较高，不断涌现新网红；快手则强调普世价值，很少干预用户创作，也极少扶持头部网红，品牌合作较少，属“佛系运营”。

· 品牌形象。抖音偏时尚；快手更接地气。

· 流量分发模式。同抖音倾向爆款的推荐机制不同，快手推行的“普惠”式分发机制，不易制造爆款，但能够造就创作者和粉丝的“老铁关系”，能够提高内容创作者与粉丝的黏性，有助于快手账号沉淀私域流量，出现信任度较高的“老铁关系”，在直播领域更具优势。快手平台围绕因为“老铁关系”形成的是“先认人再认货”的商业转化模式。

快手平台目前的直播带货销售规模要远远高于抖音平台，是各类商家必争的一个线上销售渠道，开通快手直播带货门槛也非常低，适合各类商家和个人入驻。

（1）快手直播开通流程

快手直播开通非常简单，基本上没有门槛，也没有粉丝数量要求，只要是经过实名认证的注册账号都可以开通。

第一步：下载快手App，打开应用，点击左上角的“三道白杠”图标。

第二步：点击‘设置”，找到“开通直播”选项。

第三步：进行实名身份认证和人脸认证，通过后即可开通直播权限。

（2）快手小店开通流程

通过实名认证的用户，可申请开通快手小店，需提交相关资质、营业执照，通过平台审核后方可开通。

快手小店，有四种类型：

第一，快手官方小店（个人店铺和企业店铺），须交纳保证金（1000元起步），卖货平台抽取2%的服务费。

第二，直接链接到淘宝店铺或商品，跳转到淘宝平台成交，快手平台无抽成。

第三，链接到有赞店铺，年费6800元，快手平台无抽成。

第三，链接到魔筷TV店铺，年费880元，快手平台无抽成。

（3）直播准备

直播前，需做好如下准备：

第一，准备好直播带货的产品。梳理好产品价格、特点、卖点，充分了解产品，以应对直播间粉丝的提问。

第二，选好直播时间。直播时间选择的基本原则是，要在目标客户群的闲暇时间进行直播，比如晚上、午间休息时间或其他公休日。

第三，准备直播素材。制作直播预告视频、海报、文案等。

第四，进行直播宣传预热。借助各途径、平台将直播信息散播出去，以期吸引更多人进入直播间。

4. 京东直播：入驻流程与操作技巧

京东，是中国三大电商巨头之一，也是自营式电商企业的代表。

2019年，京东实现净收入（自营收入）5769亿元人民币，平台累计交易额（含第三方商家，类似于淘宝和天猫模式）突破2万亿元大关。

据京东公布的统计数据，2019年第四季度，京东年活跃用户已达到3.62亿人。

早年间京东的利润大部分来自自营模式和自营收入，但近年来京东平台第三方商家入驻业务收入所占比重在逐年上升，逐渐成为京东新的利润中心，同时，这也成了第三方商家入驻京东的一个契机。

2020年，在直播带货元年来临之时，京东作为国内的优质电商平台，也开始发力直播电商，借势国内一些明星、知名主持人、著名企业家，推开了直播电商的大门，取得了不俗的成绩。

2020年5月15日，是格力电器入驻京东十周年店庆，这一天，格力总裁董明珠现身京东直播间，当场直播带货销售额高达7.03亿元，创下家电行业直播带货史上的最高成交纪录。

2020年6月6日，京东联合央视知名主播康辉、撒贝宁、尼格买提、朱广权和北京卫视“一姐”春妮组成的“超级带货天团”，在京东直播间创下了3小时带货13.9亿元的新纪录，这在整个直播电商行业也是数一数二的战绩。

2020年7月13日，著名音乐人汪峰独家入驻京东直播，成为“京东秒杀首席直播官”。7月15日晚8点，汪峰在京东直播间的首秀开始，4个小时的直播时间，累计在线观看人数超915万人，带货金额突破2亿元（见图2–5）。

图 2-5　汪峰京东直播带货首秀的成绩

京东直播如何加入呢？具体有两种途径：

（1）达人直播

对于个人和媒体，想要开通京东直播，需要提供发布者昵称给运营人员，开通直播权限，再预约房间。

①注册京东达人。

在PC端登录京东内容开放平台网址：http://dr.jd.com（见图2-6），注册达人身份，达人身份通过后即可申请开通京东直播权限。

图 2-6　京东内容开放平台登录入口

②京东达人直播申请流程。

达人直播申请步骤如下：

第一步：提报。按照附件提报表的提报格式进行填写。

第二步：确认排期。平台直播运营人员会与事业部直播负责人确认排期。

直播流程：提报—确认排期—申请直播权限—准备素材—预约房间—直播测试—正式直播。

正式直播要求为：

・按照附件提报表的提报格式填写（2021年3月已上线提报系统，直接在系统线上提报）。

· 直播运营会与事业部直播负责人确认排期。

第三步：申请直播权限。如果没有权限，需先申请开通。具体可参考平台提供的指南——《如何开通直播权限素材准备》。

第四步：准备素材。

如果不需要配置直播间内的坑位，则只需要设计《京东直播封面图制作规范》里的800像素×600像素的封面图，设计完后无须给到运营人员，预约房间时直接上传即可，会有专人审核。

如果需要在直播间内配置坑位（坑位可以配置跳转优惠券、活动页、商品页），则商家要自己配置两坑位或者三坑位，并按素材模板里“直播间坑位模板”进行设计，改图无须发给运营人员。

第五步：预约房间。将封面图在预约房间时上传，预约完成后将房间ID以邮件或其他方式发给监看人。如不符合规范会有监看人联系修改（每场直播会有专人联系商家，届时只需按照监看人指引反馈房间号，也就是直播ID），默认可预约7天内的场次。

第六步：直播测试。届时会有平台工作人员联系商家做直播相关的测试，通常会在直播前一天联系。

第七步：正式直播。按照预约时间提前10分钟做好准备，提前1分钟开始直播。

（2）商家直播

商家即入驻京东的第三方商家，在京东开店的门槛相对较高，流程也较为复杂。

①商家入驻京东的基本流程。

第一，登录卖家在线入驻系统，在线签署入驻协议。

第二，根据页面要求填写联系人信息，完善公司信息，包括上传营业执照、税务及财务信息、经营类目、经营品牌、店铺名称等。

第三，合同签订、卖家交费。在所有信息确认无误后就可以根据系统提示交纳费用。

第四，京东确认交费无误后，店铺状态就会变为开通，用户可以登录商家后台开始正常经营。

在京东开店，不同类型的店铺费用也不同，其总体费用基本在5万～35万元，商家须向京东交纳的保证金在2万～30万元，退店时押金可以退还。

另外，京东平台服务费为每月1000元，平台扣点是按销售额扣取的，一般是在3～10个百分点。

②商家入驻京东直播。

商家想在京东平台进行直播带货，需要先入驻京东直播，操作流程如下：

第一步：在电脑或者手机端进入京东商家的后台地址。使用京东卖家账号登录，申请开通达人账号，即获得基本的直播资格。

第二步：在卖家后台的“渠道申请”中找到京东直播，点击申请直播。

第三步：填写申请理由，提交后等待京东审核，审核通过后，即可获得直播带货权限。

③添加商品。

拿到直播带货权限后，商家可在直播间添加相应商品，用户就可以点击商品跳转到相应的页面下单购买。

添加商品需要进入京东达人平台的后台，点击“内容营销”进入页面，在内容营销的页面填写直播ID、标题、直播封面、商品信息即可。

这样等开播后，直播间里就会出现相关的商品信息。

5. 拼多多直播：入驻流程与操作技巧

拼多多创立于2015年9月，是基于移动互联网的主流电子商务应用平台，是新电商模式的开创者。用户可以通过拼团购的模式，以更低的价格购买到性价比极高的商品。

拼多多平台发展迅猛，截至2019年底，拼多多平台年活跃买家数已达5.852亿人，拼多多发布的2019年第四季度及全年财报显示，2019年，平台成交额突破万亿元大关。

2019年，拼多多平台研发费用高达38.70亿元，研发费用占收入比达12.8%，高于互联网行业平均水平，拼多多的技术研发主要投入方向是中国农产品上行体系建设。

相对于其他平台，拼多多更适合农产品。据统计，2019年，拼多多实现农（副）产品成交额1364亿元，农（副）产品年活跃买家数达2.4亿人，较上一年同期增长174%。截至2019年底，拼多多平台农（副）产品活跃商家数量达58.6万户，直连农业生产者超过1200万人。

在此基础上，拼多多还将进一步创建中国最大的农产品上行平台以及中国最大的互联网农业数据平台，形成更有利于农业生产者的生产要素和价值分配机制。

2019年，拼多多开始试水直播带货，2019年6月6日，知名主持人周涛现身拼多多618官方直播间，作为拼多多的首个“明星推荐官”，周涛精心挑选了43款带货商品，其直播首秀吸引了1600万名拼多多用户观看，很多商品上线即被秒杀一空，单场带货销售额超过1.4亿元，创下了拼多多平台直播带货新纪录，也彰显了拼多多在直播带货领域的爆发力。

拼多多的直播带货正处于高速成长期，尤其适合农产品直播带货，在该平台进行直播带货的开通流程及操作要点如下：

（1）拼多多开店要点

直播带货要依托拼多多店铺进行，因此，首先要开通拼多多店铺。

拼多多开店门槛非常低，开店流程也非常简单，无论是开个人店还是企业店，只需按照平台指示流程进行即可，过程非常简单，只需准备好相关证件（个人需提供身份证，企业需提供营业执照）、银行账户等资料即可，如果有不清楚的地方，也可以选择查看平台提供的“入驻手册”进行学习。

当前，拼多多商家入驻是免费的，而且平台不向商家收取任何销售提点和抽成。

不过，无论是个人店还是企业店，都需要交纳保证金，其标准见表2–2。

表2–2　拼多多各类店铺保证金交纳标准

单位：元

品类	非海淘企业保证金	海淘企业保证金	非海淘个人保证金	海淘个人保证金
水果生鲜	10000	10000	10000	10000
服装箱包	1000	10000	2000	10000
母婴玩具	1000	10000	2000	10000
美妆个护	10000	10000	10000	10000
家居生活	1000	10000	2000	10000
运动户外	1000	10000	2000	10000
3C电器	1000	10000	2000	10000
食品保健	1000	10000	2000	10000
家纺家居	1000	10000	2000	10000
数码电器	1000	10000	2000	10000

商家入驻后，平台有权每月根据店铺上个自然月的销售情况对保证金标准进行调整，详细标准见表2–3。如果店铺账户内的店铺保证金余额高于其

上个自然月销售额所对应的店铺保证金标准的，则店铺保证金不予调整。

表2–3　店铺保证金调整标准

上个自然月销售额（x）	保证金标准
x > 500000元	10000元
100000元 < x≤500000元	5000元
50000元 < x≤100000元	2000元

店铺在经营期间如果出现以下违规情形，平台会对其保证金进行扣划及赔付：

第一，若商家经营期间发生违规情形的，平台有权根据平台协议及平台规则的规定扣划其部分或全部店铺保证金，用于对消费者进行赔付、赔偿平台损失或支付其他应由商家承担的款项或费用。

第二，若平台收到任何第三方对商家发起的投诉、举报成立的，平台有权扣划该商家的部分或全部店铺保证金，用于对第三方进行赔付、赔偿平台损失或支付其他应由商家承担的款项或费用。

第三，若平台因商家自身因素受到任何第三方发起的投诉、举报、索赔、诉讼或仲裁等，而遭受任何损失或支出任何费用或款项的，平台有权扣划该商家的部分或全部店铺保证金，用于对第三方进行赔付、赔偿平台损失或支付其他应由商家承担的款项或费用。

商家如果申请退店或平台关闭店铺的，平台将根据《拼多多退店规则》将店铺保证金余额退还至届时店铺提现账户或者按照原支付方式退回。

（2）开通直播权限

拼多多直播没有任何门槛，正常商家都可以开通，流程如下：

第一，下载拼多多商家版。

登录后，按“工具—营销—多多直播—创建直播”的顺序进行，即可开通直播权限。

第二，上传直播封面。

封面要求如下：

①尺寸：1∶1，800像素×800像素以上，大小在5兆以内。

②内容：能清晰突出展示商品的图片。

③封面要求：不能有平台外的诱导信息、简洁明了、尺度不能过大、不能拼接、边框不能是纯色的。

第三，取直播标题。

直播标题要求及规范如下：

①不超过16个字符。

②内容简明扼要，能够表达直播主题（如：和田灰枣，限时开抢）。

③不允许出现没有意义的文字，如：11111、bbbbb等。

④避免出现夸大的词汇，如：全网价格最低、质量最好。

⑤不允许出现平台外的诱导引流信息，如：微信、QQ、电话号码、二维码等。

第四，选择添加商品。

可以添加店铺中的商品，选出要进入直播间的商品即可，也可以通过商品ID来添加商品。

另外，商家在开播前还可以根据需要来添加、删除和对商品进行排序，开播后就只能添加商品，不能进行其他操作。

第五，选择希望开通的直播。

确认直播信息，调整好画面、声音，就可以正式开通直播。

6. 西瓜视频直播：入驻流程与操作技巧

西瓜视频也是字节跳动旗下的一款应用，原是头条视频，后独立为西瓜视频。今日头条同西瓜视频为同一个后台，其直播带货的优势表现在——

第一，直播间信息会在西瓜视频与今日头条同步显示，流量大，推荐机制公平，处于平台红利期，适合新手。

第二，西瓜视频可以通过多种方式来进行引流细分，比如微头条或VLOG（视频网络日志），都是操作难度比较小的。其中微头条是最容易上手的，吸粉效果非常好。

第三，头条小店抽佣少，2020年头条小店优惠后的技术服务费为1%，需要商品质量评分在4.8分及以上，同时要做到30天内无违规。

第四，头条小店单品销售数据是累计的，销量越多，消费者信任度也就越高，转化率也就更高。

第五，西瓜视频历来注重对“三农”领域自媒体和小店的扶持，西瓜视频上有大量的“三农”创作人（见图2-7），农产品带货氛围良好。

在西瓜视频进行直播带货，首先要开通头条小店，再开通直播间带货权限。

图2-7　西瓜视频“三农”创作人“泥土的清香”直播间页面

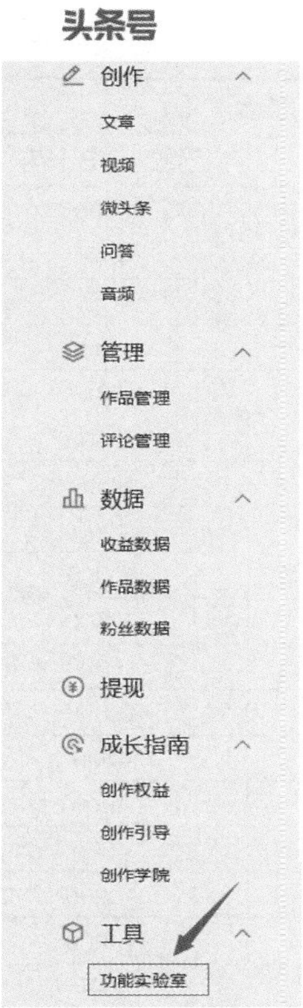

图 2-8　头条号“功能实验室”

（1）开通头条小店

头条号开通步骤如下：

第一步：在电脑端登录头条号，找到“功能实验室”（见图2-8），点击进入。

第二步：找到“头条小店”（见图2-9）。

图 2-9　头条小店

第三步：点击“头条小店”，进入“抖店”页面，头条小店有两种入驻方式，即企业入驻和个体入驻，店铺类型有普通、专卖、专营、旗舰店四种，根据需求和定位进行选择并选好相应的经营类目，点击“立即入驻”。

第四步：根据提示，输入经营者姓名、手机号等个人信息，上传身份证正反面和手持身份证半身照片，上传经营者资质等信息，点击“提交”，等待审核即可。

第五步：审核通过后，再查阅合同内容，然后在线签署合同。合同签署完成就交纳保证金，不同类别的店铺保证金标准不同（见表2-4），完成店铺保证金交纳后，头条小店就开通了。

表2-4 头条小店保证金标准

经营大类	一级类目	保证金/元	
		个人（C）店	企业（B）店
服饰	服饰/内衣	2000	4000
运动户外	运动户外	2000	4000
鞋靴箱包	鞋靴	2000	4000
	礼品箱包	5000	10000
食品	食品饮料	2000	4000
	酒类	10000	20000
	生鲜	2000	4000
	土特产	2000	4000
珠宝首饰	钟表类	5000	10000
	珠宝首饰	10000	20000
医药保健	医药保健	5000	10000
母婴	母婴	5000	10000
	玩具乐器	2000	4000
居家日用	宠物生活	2000	4000
	厨具	2000	4000
	家居家装	5000	10000
	家具	5000	10000
	家装建材	2000	4000
	农资绿植	2000	4000
家用电器	家用电器	10000	20000
3C数码	电脑、办公设备	10000	20000
	手机类	10000	20000
	数码	2000	4000
个护化妆	个护清洁	5000	10000
	美妆	5000	10000
图书音像	教育培训	5000	10000
	教育音像	5000	10000
	图书	2000	4000
服务大类	本地生活/旅游出行	5000	10000
汽车	汽车用品	2000	4000

（2）开通直播间带货权限

首先，进入头条号后台，依次选择“我要开播—直播带货—商品管理—添加商品—添加并提交审核”。

审核通过后，在手机端打开西瓜视频App，选择“我的—我要直播—添加商品—开始直播”。

在西瓜视频开通直播带货功能需要满足两个条件。

第一，账号要有不低于1万的粉丝。仅统计头条号+西瓜视频的粉丝，抖音和火山的粉丝数不计。

第二，视频原创。用户发布3个原创视频后，就可以申请视频原创，具体步骤为：“登录西瓜视频App—我的—创作中心—创作权益—视频原创”，按指示申请开通即可。

第三章

产品选择：甄选适合直播的农业爆品

【本章关键问题】

· 如何根据粉丝画像做好产品定位？

· 直播间产品选择有哪些基本维度？

· 如何选择特色农产品和品牌农产品？

· 如何考察农产品的生产主体和供应链、产业链？

1. 根据粉丝画像分析客户需求，做好产品定位

粉丝画像，又称用户画像，是根据粉丝属性、粉丝习惯、粉丝偏好、粉丝行为等信息而抽象描述出来的标签化粉丝模型，利用这些标签将粉丝形象具体化，从而为其提供针对性的产品和服务。

粉丝画像最初是在电商领域得到应用的，在大数据时代背景下，用户信息充斥在网络中，将用户的每个具体信息抽象成高度概括的标签，可以更好地认识粉丝、了解粉丝、理解粉丝、服务粉丝，也可以进一步进行粉丝营销、变现。

当前，不仅是电商领域，其他企业也在通过粉丝画像将用户标签化，以便更好地找准目标客户群并为其提供针对性的服务（见表3-1）。

表3-1 知名公司粉丝画像

公司	年龄组	热门关键词	生活方式
苹果商店	18～24岁和35～49岁	音乐，视频游戏，电影	高收入，飞行常客
可口可乐	18～24岁	购物，足球，汽车	时尚，家庭，父母
奔驰	18～24岁和35～49岁	汽车，篮球，摄影	飞行常客，高管，高收入
耐克	18～24岁和35～49岁	音乐，视频游戏，电影	高收入，飞行常客

直播带货所依托的自媒体平台，粉丝画像也各不相同，以最常用的抖音和快手平台为例，其粉丝画像也有很大差异（见表3-2）。

表3-2 抖音、快手粉丝画像

抖音粉丝画像	快手粉丝画像
1. 女性更多，18岁以下占比最多，约31.59% 2. 来自一线、二线城市的粉丝相对较多，多为南方城市 3. 日活跃持续时间较长，21～24时逐渐达到顶峰	1. 更受男性欢迎。 2. 粉丝在四线以下城市分布更多，以北方城市稍多 3. 快手“老铁”生活作息较为规律，全天活跃时段为17～20时

网络自媒体平台运营后台基本都有关于粉丝的分析数据，平台不同，粉丝画像也不相同，但是其分析的角度大致是相同的，通常可从以下几个方面进行分析。

（1）性别比例

从性别比例来判断发布的内容更吸引哪一类人群，如果男性粉丝居多，那就要多提供男性感兴趣的内容和产品；如果女性粉丝居多，则要做跟女性相关的内容和产品。

（2）年龄层的分布

从年龄层的分布图来看出相应自媒体的内容会比较吸引哪个年龄层，分析该年龄层人群的特征，分析该年龄层的人对什么样的内容和产品更加感兴趣，根据这些情况进行内容布局和带货产品挑选。

（3）地域分布

粉丝的行为有时候带有很强的地域属性，地域属性包括粉丝所在的城市、粉丝所处的社区或是粉丝的一些行为路径等。不同地域的人，往往有着不同的消费习惯。

（4）活跃时间

粉丝的活跃时间对我们发布内容、进行直播带货有着重要的指导作用，通过粉丝集中的活跃时间段来进行内容发布和直播带货，这样才能被更多的粉丝所看到。

（5）终端分布

终端，即粉丝使用的终端设备，有些平台提供的是粉丝所用终端设备的价格区间数据，有的则提供相应的品牌数据，即苹果、华为、OPPO、vivo等终端设备品牌，通过价格和品牌特征，可以判断粉丝的经济实力。

（6）行为特征

不同粉丝，有不同的行为路径和行为倾向，比如活跃时间、活跃天数、阅读路径、阅读喜好、关注的主播等。

分析以上粉丝画像，可以做到知己知彼，百战不殆，商家才可以选择更适合自己产品特征的主播（自媒体）来带货，主播（自媒体）也可以根据粉丝画像来选择更适合粉丝的直播产品，提高带货成功率。直播间带货选品的基本方向是——

第一，垂直型内容账号。可以定位做垂直领域的产品带货，比如“三农”类账号就可以选择相应的农产品进行直播销售。

第二，专业型内容账号。主播相对专业，在粉丝看来就更具信任度，因此可围绕专业领域做好产品定位。

第三，无明显电商属性达人。则可根据粉丝画像和粉丝属性来选品。

2. 直播选品的基本维度

产品选得好，直播卖货没烦恼。

从一定程度上讲，选品的恰当与否会直接决定直播带货活动的成败。如果产品没选好，即使直播间观看人数再多，氛围再好，主播再卖力，也可能会出现低转化甚至零转化的结果。

选品也会在很大程度上影响自媒体、主播、商家和品牌的形象、信誉，选品不当，有可能会给直播带货方招致严重的危机。

【案例】

2020年11月，快手网红辛巴团队成员在直播间销售某品牌燕窝产品，很多消费者收到货后，发现实际产品同他们在直播间看到的货品大相径庭，大家直呼上当受骗。

该情况被国内知名打假人王海通过微博进行曝光，这一事件迅速登上微博热搜榜，引起广泛关注。

权威检测机构对其直播间销售的燕窝进行检测后发现，其唾液酸含量为0.014%，这是什么概念？即该产品基本上没有任何燕窝含量，其食材成本极低，每碗可能连0.1元都不到。据了解，该品牌燕窝进货单价为4.2元/碗，而辛巴团队直播间的售价则高达40元/碗。

事件一经曝光，给辛巴团队带来了严重的信任危机。辛巴方面也快速做出正式回应，公开道歉，并表示会承担退一赔三的责任，共计向消费者赔付6198万元。

2020年12月23日，广州市场监管部门公布“辛巴直播带货即食燕窝”调查处理情况：辛巴方被罚90万元。

同时，辛巴（快手账号：辛有志 辛巴 818）和其团队旗下的快手账号（猫妹妹、初瑞雪、蛋蛋小盆友、陈小硕、徐婕、达少、赵梦澈、安若溪、Angel安九等）也受到了平台的处罚，在2021年1月都处于封号状态（见图3-1）或直播封禁状态（见图3-2）。

图 3-1 辛巴快手账号主页

图 3-2 猫妹妹快手账号主页

辛巴“假燕窝事件”危机的发生，本质上是由其团队选品不当引起的。因此，不论是从更有利于销售的角度，还是从商家长期信用和口碑的角度看，都应该极其重视选品问题，丝毫马虎不得。

作为对比，淘宝“直播一姐”薇娅团队则非常注重选品问题，非常注意对直播间产品质量的把关，其选品要点有三：

第一，确保亲测。团队最终选上来的每一种商品，薇娅都会逐个进行试吃、试用、试玩，以确保产品真的好吃、好用、好玩，且没有质量问题。

第二，迎合市场热度。比如有一段时间电视剧《延禧攻略》很热，为了迎合市场热度，薇娅团队就会筛选一些《延禧攻略》款眼影。总之，会紧跟市场热度和当下热点来选品。

第三，迎合粉丝需求。薇娅及其团队会通过日常直播交流，包括店铺微淘的出货记录及销售经验，去了解粉丝最想买什么东西。

在进行直播带货选品时，除了借鉴以上教训和经验，并符合粉丝画像、满足粉丝需求外，还可以借助以下维度去进行筛选。

（1）性价比

直播间的消费者更看重的是商品的性价比，那些经过头部主播团队精挑细选且在直播间广受消费者欢迎的产品，经证明基本上都是那些质优价廉、性价比高的产品。只有低价而质量差的产品，其生命力往往是短暂的。

（2）品牌力

即要考虑商品的品牌力和品牌优势，是否为目标顾客群所熟知、所喜欢。一般为消费者所熟知的品牌，更容易赢得他们的信任和好感，推广难度也会大大降低。

（3）商品品相

直播带货是具有场景感、沉浸感的互动式带货，消费者都是视觉动物，好品相的商品也更能激发消费者的购物欲望。因此，在选品时，可以从外观、质地、使用方法以及使用效果上选择对消费者感官具有冲击力的产品。

（4）商品受众

即产品是大众快消性产品，还是冷门性产品，显然，前者会有更大的销售潜力，会有更多的粉丝需求，进而才能更好地转化为实际成交量。

（5）商品卖点

卖点，即能够打动消费者下单购买的商品要素，商品是否具备直接而突出的卖点，是主播选品的一个重要考量因素。卖点明显的产品，会大大降低顾客的下单难度，而卖点不明确的商品，则会让消费者顾虑重重，转化率当然也就不会很高。

（6）满足需求的及时性

即商品能否紧贴当下热点话题、活动趋势和粉丝需求，能够及时满足需求的商品，往往能够取得更好的销售业绩。对一些紧贴热点的商品，比如在一些大的促销活动，如平台店庆或“双11”大促活动中，还要做好销量预测工作，以便对热门商品做到充足备货，有备无患。

3. 特色农产品的发掘与筛选

特色农产品，即人们所俗称的土特产，即某地所特有的或特别著名的农产品。

近年来，很多地方干部纷纷走进直播间，为本地土特产代言，比如安徽省砀山县县长在直播间卖掉了14万千克砀山酥梨；广西壮族自治区百色市乐业县副县长直播2个多小时卖掉4万千克沃柑。

特色农产品非常适合进入直播间销售，其优势表现在：

（1）满足差异化需求

我国地大物博，基本上每个地方都有自己的特色优势农产品（见表3-3），如山东章丘大葱、新疆哈密瓜、赣南脐橙、烟台苹果、五常大米等，这些区域性特色农产品的差异性和品质保证，能够满足消费者的差异化需求和对高品质农产品的需求。

（2）有助于反向打造农产品品牌

如果选择地方特色农产品作为直播产品，就可以发掘它本身所承载的当地特色文化属性，使得主播能够给农产品赋予深刻的文化价值意义，将农产品的深层文化内涵和故事讲得妙趣横生，一方面，能够提升农产品的溢价空间；另一方面，也可打造地区特色农产品品牌，可谓一举两得的双赢举措。

（3）帮助地域性特产走向全国

特色农产品的特色通常是不可复制的地方特色，有其突出的地域特性，只有满足相应的地域气候、纬度和水土条件才可以种植、生产，而无法复制到其他地方。这种特性也决定了传统特色农产品与消费者沟通成本的区域半径效应：距离特色农产品产地越近，消费者对该农产品的认知度越高，就越容易购买；距离特色农产品产地越远，消费者对该农产品的认知度越低，形成认知的成本就越高。

通过直播带货可以将具有地域性的特产推荐给全国的消费者，从而可以快速扩大其销售半径，提升其知名度和影响力。

（4）有助于发展特色农业，实现共同富裕

我国各地基本上都有自己的农特产品（见表3-3），说是“一村一品”“一县一业”也毫不夸张，通过直播能够进一步强化各地农产品的特色和品牌形象，从而可以最大限度地避免特色农产品同质化竞争，做好产业差异化竞争，让每个村镇、每个县都有自己的优势拳头产品，同时又互不冲突，产品具有价格优势，从而保证农民的利益，实现共同富裕。

表3-3 全国各省市代表性特色农产品

地区	特色农产品
北京	北京鸭梨、京白梨、烧鸭、油鸡、大磨盘柿、果脯、北京蜂王精、密云金丝小枣、少峰山玫瑰花、门头沟大核桃
天津	天津小枣、天津鸭梨、红小豆、沙窝萝卜、天津红果、天津板栗、天津核桃、银鱼、盘山柿子、紫蟹
黑龙江	五常大米、榛蘑、蕨菜、松茸、猴头蘑、元蘑、椴树蜜、黑木耳、猕猴桃、榛子、榛子、松子、白瓜子、鹿茸、鹿肾、熊胆、人参、西洋参
吉林	人参、党参、黄芪、龙胆、草苁蓉、甘草、刺五加茶、桔梗、山葡萄、越橘、猕猴桃、猴头、黑木耳、五味子、贝母、细辛、木通、天麻、梅花鹿茸、松花江白鱼
辽宁	辽宁苹果、丹东杜鹃、五味子、人参、鹿茸、辽西秋白梨、榛子、辽阳香水梨 、北镇鸭梨、大连黄桃、孤山香梅、香蕉、李子、软枣、猕猴桃、板栗、对虾、海参、海带、文蛤、鲍鱼、扇贝、贻贝、大连湾魁蚶、香螺、梭子蟹、裙带菜、大骨鸡、昌图豁鹅、水貂、紫貂、柞蚕、天女木兰

（续表）

地区	特色农产品
内蒙古	山羊皮、灰鼠皮、猞猁皮、鹿茸、王府肉苁蓉、党参、枸杞、黄芪、黑木耳、发菜、鹿胎、麝香、水獭、旱獭皮、哈密瓜、贺兰山蘑菇、黄河鲤鱼、莜面、胡麻
新疆	哈密瓜、吐鲁番葡萄干、库尔勒香梨、和田大枣、阿克苏核桃、库车小白杏、新疆棉、野苹果、雪莲、红花、新疆贝母、西马茸、肉苁蓉、甘草
甘肃	发菜、薇菜、蕨菜、康县木耳、黄花菜、甘谷辣椒、兰州香桃、临泽红枣、河西沙枣、沙棘、陇南猕猴桃、陇南甜柿、天水花牛苹果、冬果梨、兰州白兰瓜、苦水玫瑰、紫花苜蓿、芨芨草、黄芪、岷县当归、沙漠肉苁蓉、锁阳、甘草、祖师麻、滩羊
宁夏	黄河大鲤鱼、甘草、发菜、枸杞、丁香肘子、滩羊裘皮、沙棘、大青葡萄、宁夏山杏、西瓜、蚕豆、马莲、固原鸡
陕西	华县大接杏、秦冠苹果、火晶柿子、杏仁、天麻、杜仲麝香、牛手参、厚朴、牛黄、沙苑子、银耳、洋县香米、洋县黑米
山西	晋祠大米、沁州黄米、垣曲猴头、稷山枣、临漪石榴、汾阳核桃、清徐核桃、大同黄花、平顺花椒、山西潞麻、山西党参、黄芪、上党连翘、平陆百合、大同沙棘
河北	沙棘、坎上酸膜、核桃、黄花菜、榛子、赵州雪花梨、兴隆红果、沧州金丝小枣、宣化葡萄、京东板栗、涉县核桃、口蘑、祁州药材、沙北血杞
山东	烟台苹果、烟台大樱桃、莱阳梨、肥城桃、乐陵金丝小枣、大泽山葡萄、崂山金钩海米、日照海米、泰安板栗、菏泽芦笋、平阳玫瑰花、莱州月季、海参、鲍鱼、潍县萝卜
河南	黄河鲤鱼、洛阳牡丹、大京枣、马豫兴桶子鸡、兰考葡萄、百子寿桃、内黄大枣、水城辣椒、信阳毛尖、孟津梨、灵宝苹果、贵妃杏、广武石榴
安徽	苏山毛峰、祁门红茶、太平猴魁、砀山酥梨、黄水猕猴桃、怀远石榴、宣州板栗、来安花红、黟县香榧、黄山石耳、大别山木耳、巢湖银鱼、天柱剑毫、九华山黄石溪毛峰、桐城小兰花茶、萧县葡萄、三潭枇杷
湖北	武昌鱼、酥黄蕉、大头菜、金黄蜜枣、隆中茶、蜈蚣、洪湖莲藕、薏仁米、九资何茯苓、湖北贝母、苎麻、黄麻、仙人掌茶、宜红茶、玉露茶、青砖茶、柑橘、核桃
湖南	湘莲、君山茶、古丈毛尖、商桥银峰、君山银针、偶滩茶、黄花菜、玉兰片、油茶、苎麻、白蜡、金橘、安江香柚、中华猕猴桃、永州薄荷、湘黄鸡、溆浦鹅

（续表）

地区	特色农产品
江苏	阳澄湖大闸蟹、东乡羊肉、刀鱼、金山翠芽茶叶、太湖莼菜、银鱼、茉莉花茶、稻香村茶食、鲥鱼、水蜜桃、金扑蟹、绿毛龟、虞山绿茶、丰县红富士苹果、羊方藏鱼、沛县冬桃、大头茶、云雾茶、雨花茶、宜兴毛笋、如皋白园萝卜、泰兴白果、宜兴板栗、高邮双黄蛋
上海	南汇水蜜桃、佘山兰笋、松江回鳃鲈、崇明金瓜、嘉定大白蒜、崇明水仙花、张江腰菱、浦东三黄鸡、崇明大闸蟹、青浦茭白
浙江	西湖龙井、平水珠茶、江山绿牡丹茶、天月清顶茶、华顶云雾茶、硕清紫笋茶、浙江络麻、杭菊、浙贝、镇海金橘、温州瓯柑、奉化水蜜桃、萧山杨梅、超山梅子、塘栖枇杷、龙泉香菇、天目笋干、义乌南枣、昌化山核桃、长兴白菜、金华佛手、湖州雪藕、绍兴麻鸭、龙山黄泥螺
江西	南昌银毫、南丰蜜橘、上饶早梨、猕猴桃、云雾毛尖茶、婺源绿茶、万年贡米、信丰红瓜子、鄱阳湖银鱼
福建	枇杷、龙眼、荔枝、波罗蜜、坪山柚、文旦柚、橄榄、天宝香蕉、凤梨、柑橘、武夷岩茶、铁观音、福州茉莉花茶、海田鸡、金定鸡、扇贝、鲍鱼、东山龙虾、津浦对虾、紫菜、古田瓶栽银耳、香菇、凤尾菇、馆溪蜜柚、漳州芦柑、闽笋
广东	黄登菠萝、阳桃、波罗蜜、荔枝蜜、香蕉、椰子、龙眼、木瓜、话梅、潮州柑、凤凰茶、五指山野菜、九峰白毛茶、荔枝、槟榔、何首乌、三黄胡须鸡、潮汕膏蟹、沙井鲜蚝
广西	香蕉、柑橙、金橘、罗汉果、沙田柚、荔枝、木菠萝、菠萝、桂圆、芒果、山葡萄、恭城目柿、东南墨米、环江香粳、靖西香糯、木薯、黄皮菜、灌阳红枣、扁桃、猕猴桃、白果、香菇、甜菜、甘蔗、玉林优质谷、桂林花桥牌辣椒、灵香草、金银花、桂皮、灵芝菌、田七、茯苓、漓江鱼、府州桂花鱼
四川	四川柑橘、合川大红袍、泸州桂圆、阿坝苹果、潼南黄桃、金川雪梨、佘江荔枝、巴山核桃、五胖鸭、元宝鸡、自贡红橘、自贡毛牛肉、麝香、虫草、天麻、白芷、大黄、川楝、川木香、川贝母、朱砂莲、红花、川明参、黄龙香米
重庆	涪陵榨菜、石柱黄连、彭水苗家土鸡、奉节脐橙、合川桃片、荣昌猪、万州红橘、江津广柑、垫江丹皮、巴山核桃、合川大红袍
青海	雪莲花、青贝母、柴达木枸杞、西宁地毯、鹿茸、秦艽、西宁大黄、冬虫夏草、蕨麻、青海菜花蜜、青海白蘑菇
云南	云南山茶花、普洱茶、无眼菠萝、宝珠梨、梅子、八角、蜂蜜、黑木耳、松茸、三七、大理雪梨、云木香、竹荪、象牙芒果、砂仁、云归
贵州	遵义吴茱萸、遵义毛峰、镇远接桃、羊艾毛峰、都匀毛尖、湄江茶、香菇、黑木耳、银耳、黑糯米、香米、薏仁米、麝香、茯苓、党参、三穗鸭
海南	榴莲、琼中绿橙、兴隆咖啡、三亚芒果、永兴黄皮、澄迈苦丁茶、澄迈福橙、永兴荔枝、三亚莲雾、海南文昌鸡、五指山红茶、陵水鲳鱼、琼海麒麟菜、红毛丹、菠萝、枇杷、柠檬、橄榄、酸豆、万宁燕窝
西藏	冬虫夏草、灵芝、金耳、雪莲花、藏红花、旱獭皮、人参果、胡黄连

4. 标准化农产品复购率更高

什么是标准化产品？工业流水线生产出来的都是标准化产品，比如手机、汽车、电视等，只要是一个型号，上百万辆、上千万台，都是一个标准，质量、性能指标完全一致。消费者购买这些产品，往往顾虑很小，因为产品质量稳定，出现质量问题的概率极小。

而农产品尤其是我国的农产品，大多都是非标准化产品，即大小、颜色、口感、品质各不相同。举例来说，消费者在直播间看到的农产品，可能色泽鲜艳，圆润饱满，而收到的实物很可能色泽暗淡，又小又有损伤。甚至，同样大小的农产品可能也有差异，比如同时买的一批苹果，个头大小都差不多，味道上可能有的酸、有的甜、有的寡淡无味。

非标准化的农产品卖给消费者最容易招致差评，来看一个消费者收到非标产品后的评论——“差评，苹果又青又大小不均，还有伤，下面一层比上面一层要小很多，根本不是富士，跟图片完全不符，尝了一下，不甜不酸，水白白的没味道，明知道没办法退货，就发这种产品，简直就是骗子，以后坚决不在网上买水果！”

这类令消费者寒心的问题，当然不排除部分奸商故意欺骗，但更多的是商家在选品过程中选择了非标准化产品，导致消费者产生了收货前后的心理落差。

为了避免上述问题，在选品环节就要注重对标准化农产品的筛选，而且标准化农产品的顾客满意度和复购率也更高。

在欧美和日本等西方发达国家，农产品都是以高度标准化为准则进行生产的，农产品从新品种选育的区域试验和特性试验，到播种、收获、加工整理、包装上市都有一套严格的标准，种植者必须严格遵守。农民种植瓜果蔬菜，采用什么品种、何时下种、何时施肥、施多少肥、何时采摘，都有严格的规定。

例如在日本，很多水果蔬菜都是按个卖，每个售价都一样，而不是论斤卖，因为每个水果大小、质量都基本一致（见图3-2）。以黄瓜为例，其长短、粗细及弯曲程度都必须符合标准，才可上市。

图 3-2　标准化的日本方形西瓜

再比如奇异果，它的原产地本来是中国，但是由于国产奇异果的标准化程度低，当前全球奇异果市场上，销量最好、名气最大的反倒是新西兰奇异果，因为他们的奇异果种植有一整套标准体系，涵盖种植、采摘、分拣、流通等各个环节，确保产品的高度一致性。我们去超市看进口的新西兰奇异果，其大小、色泽、口感非常一致（见图3-3）。

图 3-3　标准化的新西兰奇异果

这些标准化农产品不仅可以大大消除消费者收货前后的心理落差，而且还能以较高的标准品质获得较高的销售溢价和高额利润，这就是标准化农产品的成功。

并不是所有农产品都适合直播带货，目前来看，直播的农产品应尽量做到标准化，没有标准化，就没有品质稳定的商品。

那么，如何去筛选标准化的农产品呢？关键要看其是否符合以下条件：

（1）是否进行标准化生产

尽管农产品无论采用什么样的标准，都无法像工业品那样做到规格、性能、质量完全一致，但却可以通过标准化生产，将产品差异性降至最低。

标准化生产的农产品需要遵循严格种植、生产标准和流程，以蔬菜为例，标准化种植需要做到：

· 选用优质品种，种植前进行浸种、消毒处理。

· 同种蔬菜还要结合品种的早、中、晚熟性，不同种类蔬菜依据植株高矮、生长期长短等差别，合理搭配种植结构。

· 合理安排蔬菜栽培前后茬口，实行淡季多茬栽培，旺季主副茬栽培，调节市场供应。

· 采用遮阳网、防虫网覆盖栽培，推广应用声频发生器等物理技术。

· 采用有机复合肥和生物有机肥，推广有机栽培，提高蔬菜品质。

· 通过应用节水栽培措施，示范推广按时、按需提供肥水的微灌、施肥一体化技术。

这样，才能生产出标准的产品。

（2）是否进行标准化包装

农产品的外包装需要根据产品的特性来进行设计，要做到防潮、保温、保险、抗震、防磕碰等，并实现包装的统一性，这样产品交付到消费者手中，才能最大限度地消除不满意因素。

（3）是否有标准化服务

服务是形成客户口碑的一个重要因素，农产品的标准化服务主要体现在两个方面：“最后一公里配送”和售后服务。

“最后一公里配送”解决的是便利性和时效性的问题，消费者收货需要多长的时间？自提还是送货上门？开箱后发现存在质量问题怎么办？这些问题都需要有一个标准化的应对规范。

而售后服务问题主要包括：

第一，详细的产品信息介绍，告知消费者产品相关信息、特性以及运输中可能出现的问题，同时设计好产品使用说明，比如如何保存、保质期多长、如何食用等。

第二，及时处理质量问题，即要对质量问题的处理做出承诺，给消费者以切实的信任，打消其后顾之忧。

5. 选择品牌农产品：区域公用品牌或知名品牌

品牌，是产品的最好背书。直播间选品可优先选择品牌农产品，品牌农产品具体表现在三个层面：

（1）区域公用品牌

所谓区域公用品牌农产品，是指在某个具有特定自然生态环境、历史人文因素的区域内，由相关组织所有，由若干农业生产经营者共同使用的农产品品牌。区域公用品牌由“产地名+产品名”构成，产地一般为县级或地市级，且有明确的生产区域范围。农产品区域公用品牌，是农产品品牌的一种重要类型，其特征表现在：

第一，通常是建立在区域内独特自然资源或产业资源的基础上，并借助区域内的农产品资源优势而形成的。

第二，政府部门需要发挥主导作用，并深度参与，以保证高效决策，快速推进，区域品牌战略才能得以早日实现。否则，区域产业将像一盘散沙，难以形成品牌效应。

第三，区域公用品牌的品牌权益不属于某个企业或集团、个人，而是为区域内相关机构、企业、个人等共同所有。

第四，具有所在区域的代表性意义和价值，通常是当地的区域代表，是当地的核心竞争力之一，是区域的一张“金名片”，对区域的形象、美誉度、旅游等都有促进作用。

2019年，第十七届中国国际农产品交易会发布了中国农业最具代表性的300个特色农产品区域公用品牌（见表3-4），以及100个农产品区域公用品牌价值评估榜单。

表3-4　2019年中国农产品区域公用品牌一览表

水果类区域公用品牌（81个）		
序号	品名	属地
1	平谷大桃	北京市平谷区
2	大兴西瓜	北京市大兴区
3	茶淀玫瑰香葡萄	天津市滨海新区
4	宣化牛奶葡萄	河北省张家口市宣化区
5	隰县玉露香梨	山西省隰县
6	夏县西瓜	山西省夏县
7	临猗县临晋江石榴	山西临猗县临晋镇
8	乌海葡萄	内蒙古自治区乌海市
9	鞍山南果梨	辽宁省鞍山市
10	大连大樱桃	辽宁省大连市
11	庄河蓝莓	辽宁省庄河市
12	葫芦岛苹果	辽宁省葫芦岛市
13	大连苹果	辽宁省大连市
14	北镇葡萄	辽宁省北镇市
15	东港草莓	辽宁省东港市
16	伊春蓝莓	黑龙江省伊春市
17	马陆葡萄	上海市嘉定区马陆镇
18	南汇水蜜桃	上海市浦东新区
19	丁庄葡萄	江苏省句容市茅山镇
20	东台西瓜	江苏省东台市
21	象山柑橘	浙江省象山县
22	衢州椪柑	浙江省衢州市
23	常山胡柚	浙江省常山县
24	慈溪杨梅	浙江省慈溪市
25	长丰草莓	安徽省长丰县
26	怀远石榴	安徽省怀远县
27	永春芦柑	福建省永春县
28	一都枇杷	福建省福清市一都镇

（续表）

水果类区域公用品牌（81个）		
序号	品名	属地
29	赣南脐橙	江西省赣州市
30	肥城桃	山东省肥城市
31	昌乐西瓜	山东省昌乐县
32	烟台苹果	山东省烟台市
33	烟台大樱桃	山东省烟台市
34	灵宝苹果	河南省灵宝市
35	兰考蜜瓜	河南省兰考县
36	西峡猕猴桃	河南省西峡县
37	宜昌蜜橘	湖北省宜昌市
38	秭归脐橙	湖北省秭归县
39	洞口雪峰蜜橘	湖南省洞口县
40	石门柑橘	湖南省石门县
41	炎陵黄桃	湖南省炎陵县
42	德庆贡柑	广东省德庆县
43	镇隆荔枝	广东省惠州市惠阳区
44	梅县金柚	广东省梅县
45	始兴杨梅	广东省始兴县
46	百色芒果	广西壮族自治区百色市
47	南宁香蕉	广西壮族自治区南宁市
48	平南石硖龙眼	广西壮族自治区平南县
49	融安金橘	广西壮族自治区融安县
50	灵山荔枝	广西壮族自治区灵山县
51	富川脐橙	广西壮族自治区富川县
52	阳朔金橘	广西壮族自治区阳朔县
53	三亚芒果	海南省三亚市
54	澄迈福橙	海南省澄迈县
55	三亚甜瓜	海南省三亚市
56	忠县柑橘	重庆市忠县
57	梁平柚	重庆市梁平区

（续表）

水果类区域公用品牌（81个）		
序号	品名	属地
58	巫山脆李	重庆市巫山县
59	黔江猕猴桃	重庆市黔江区
60	安岳柠檬	四川省安岳县
61	苍溪红心猕猴桃	四川省苍溪县
62	都江堰猕猴桃	四川省都江堰市
63	丹棱橘橙	四川省丹棱县
64	镇宁蜂糖李	贵州省安顺市镇宁县
65	华坪芒果	云南省华坪县
66	宾川红提葡萄	云南省宾川县
67	昭通苹果	云南省昭通市
68	华宁柑橘	云南省华宁县
69	眉县猕猴桃	陕西省眉县
70	洛川苹果	陕西省洛川县
71	大荔冬枣	陕西省大荔县
72	白水苹果	陕西省白水县
73	凤翔苹果	陕西省凤翔县
74	户县葡萄	陕西省西安市鄠邑区
75	铜川苹果	陕西省铜川市
76	蒲城酥梨	陕西省蒲城县
77	铜川大樱桃	陕西省铜川市
78	庆阳苹果	甘肃省庆阳市
79	沙坡头苹果	宁夏回族自治区中卫市
80	中卫硒砂瓜	宁夏回族自治区中卫市
81	库尔勒香梨	新疆巴音郭楞蒙古自治州
蔬菜类区域公用品牌（31个）		
序号	品名	属地
1	沙窝萝卜	天津市西青区辛口镇
2	玉田包尖白菜	河北省玉田县
3	大同黄花	山西省大同市云州区

（续表）

蔬菜类区域公用品牌（31个）		
序号	品名	属地
4	梅里斯大八旗洋葱	黑龙江省梅里斯达斡尔族区
5	靖江香沙芋	江苏省靖江市
6	余姚榨菜	浙江省余姚市
7	建宁通心白莲	福建省建宁县
8	金乡大蒜	山东省金乡县
9	莱芜生姜	山东省济南市莱芜区
10	章丘大葱	山东省济南市章丘区
11	曹县芦笋	山东省曹县
12	寿光桂河芹菜	山东省寿光市
13	昌邑大姜	山东省昌邑市
14	苍山大蒜	山东省兰陵县
15	温县铁棍山药	河南省温县
16	汝阳红薯	河南省汝阳县
17	杞县大蒜	河南省杞县
18	柘城辣椒	河南省柘城县
19	华容芥菜	湖南省华容县
20	汝城朝天椒	湖南省汝城县
21	增城迟菜心	广东省广州市增城区
22	新丰佛手瓜	广东省新丰县
23	荔浦芋	广西壮族自治区荔浦市
24	澄迈桥头地瓜	海南省澄迈县
25	涪陵青菜头	重庆市涪陵区
26	安州魔芋	四川省绵阳市安州区
27	安居红苕	四川省遂宁市安居区
28	白旗韭黄	贵州省安顺市普定县
29	罗平小黄姜	云南省罗平县
30	榆中大白菜	甘肃省榆中县
31	循化线辣椒	青海省循化县

（续表）

粮食类区域公用品牌（46个）		
序号	品名	属地
1	小站稻	天津市津南区
2	卢龙孤竹小金米	河北省卢龙县
3	忻州糯玉米	山西省忻州市忻府区
4	岚县马铃薯	山西省岚县
5	沁州黄小米	山西省沁县
6	兴安盟大米	内蒙古自治区兴安盟
7	赤峰小米	内蒙古自治区赤峰市
8	敖汉小米	内蒙古自治区敖汉旗
9	乌兰察布马铃薯	内蒙古自治区乌兰察布市
10	盘锦大米	辽宁省盘锦市
11	九台贡米	吉林省长春市九台区
12	榆树大米	吉林省榆树市
13	梅河大米	吉林省梅河口市
14	舒兰大米	吉林省舒兰市
15	庆安大米	黑龙江省庆安县
16	方正大米	黑龙江省方正县
17	桦南大米	黑龙江省桦南县
18	绥化鲜食玉米	黑龙江省绥化市
19	肇州糯玉米	黑龙江省肇州县
20	五常大米	黑龙江省五常市
21	响水大米	黑龙江省宁安市
22	海伦大豆	黑龙江省海伦市
23	九三大豆	黑龙江省农垦九三管理局
24	崇明大米	上海市崇明区
25	松江大米	上海市松江区
26	射阳大米	江苏省射阳县
27	宜春大米	江西省宜春市袁州区
28	万年贡米	江西省万年县
29	永修香米	江西省永修县

（续表）

粮食类区域公用品牌（46个）		
序号	品名	属地
30	滕州马铃薯	山东省滕州市
31	新乡小麦	河南省新乡市
32	永城富硒小麦粉	河南省永城市
33	常德香米	湖南省常德市
34	台山大米	广东省台山市
35	恩平大米	广东省恩平市
36	昭化王家贡米	四川省广元市昭化区
37	兴仁薏仁米	贵州省兴仁县
38	从江香禾糯	贵州省从江县
39	墨江紫米	云南省墨江哈尼族自治县
40	定西马铃薯	甘肃省定西市安定区
41	兴海青稞	青海省兴海县
42	宁夏大米	宁夏回族自治区
43	西吉马铃薯	宁夏回族自治区西吉县
44	察布查尔大米	新疆维察布查尔锡伯自治县
45	奇台面粉	新疆奇台县
46	木垒鹰嘴豆	新疆木垒哈萨克自治县
油料类区域公用品牌（8个）		
序号	品名	属地
1	河套向日葵	内蒙古自治区巴彦淖尔市
2	正阳花生	河南省驻马店市正阳县
3	平舆白芝麻	河南省驻马店市平舆县
4	邵阳茶油	湖南省邵阳县
5	龙川山茶油	广东省龙川县
6	酉阳茶油	重庆市酉阳土家族苗族自治县
7	会宁胡麻油	甘肃省会宁县
8	门源小油菜籽	青海省门源县

（续表）

畜禽类区域公用品牌（30个）		
序号	品名	属地
1	北京鸭	北京市
2	鄂托克阿尔巴斯绒山羊	内蒙古自治区鄂托克旗
3	呼伦贝尔草原羊肉	内蒙古自治区呼伦贝尔市
4	锡林郭勒羊肉	内蒙古自治区锡林郭勒盟
5	达茂草原羊	内蒙古自治区包头市
6	科尔沁牛	内蒙古自治区通辽市
7	双阳梅花鹿	吉林省长春市双阳区鹿乡镇
8	乾安肉羊	吉林省乾安县
9	桦甸黄牛	吉林省桦甸市
10	海门山羊	江苏省海门市
11	如东狼山鸡	江苏省如东县
12	宁都黄鸡	江西省宁都县
13	汶上芦花鸡	山东省汶上县
14	泌阳夏南牛	河南省驻马店市泌阳县
15	郏县红牛	河南省郏县
16	大别山黑山羊	湖北省黄冈市
17	临武鸭	湖南省临武县
18	丰都牛肉	重庆市丰都县
19	荣昌猪	重庆市荣昌区
20	城口山地鸡	重庆市城口县
21	南江黄羊	四川省巴中市
22	槟榔江水牛	云南省腾冲市
23	帕里牦牛	西藏亚东县
24	富平奶山羊	陕西省富平县
25	山丹羊肉	甘肃省山丹县
26	天祝白牦牛	甘肃省天祝县
27	大通牦牛	青海省大通县
28	互助八眉猪	青海省互助县

（续表）

畜禽类区域公用品牌（30个）		
序号	品名	属地
29	盐池滩羊肉	宁夏回族自治区盐池县
30	固原黄牛	宁夏回族自治区固原市
水产类区域公用品牌（21个）		
序号	品名	属地
1	宝坻黄板泥鳅	天津市宝坻区
2	大连海参	辽宁省大连市
3	辽参	辽宁省
4	查干湖淡水鱼	吉林省前郭尔罗斯蒙古族自治县
5	连环湖鳙鱼	黑龙江省杜尔伯特蒙古族自治县
6	洪泽湖大闸蟹	江苏省淮安市、宿迁市
7	盱眙龙虾	江苏省盱眙县
8	溧阳青虾	江苏省溧阳市
9	长荡湖大闸蟹	江苏省常州市
10	五河螃蟹	安徽省五河县
11	威海刺参	山东省威海市
12	黄河鲤鱼	河南省郑州市
13	潜江龙虾	湖北省潜江市
14	荆州鱼糕	湖北省荆州市
15	洪湖莲藕	湖北省洪湖市
16	南县小龙虾	湖南省南县
17	斗门白蕉海鲈	广东省珠海市斗门区
18	茂名罗非鱼	广东省茂名市
19	钦州大蚝	广西壮族自治区钦州市
20	亚东鲑鱼	西藏亚东县
21	黄河循鳟	青海省循化撒拉自治县
茶叶类区域公用品牌（33个）		
序号	品名	属地
1	宜兴红茶	江苏省宜兴市

（续表）

茶叶类区域公用品牌（33个）		
序号	品名	属地
2	洞庭山碧螺春	江苏省苏州市吴中区
3	泰顺三杯香茶	浙江省泰顺县
4	望海茶	浙江省宁海县
5	千岛湖茶	浙江省淳安县
6	安吉白茶	浙江省安吉县
7	六安瓜片	安徽省六安市
8	太平猴魁	安徽省黄山市
9	都督翠茗	安徽省巢湖坝镇
10	石台硒茶	安徽省石台县
11	滁州滁菊	安徽省滁州市
12	坦洋工夫	福建省福安市
13	武夷山大红袍	福建省武夷山市
14	福州茉莉花茶	福建省福州市
15	婺源绿茶	江西省婺源县
16	庐山云雾茶	江西省九江市
17	靖安白茶	江西省靖安县
18	浮梁茶	江西省浮梁县
19	泰山茶	山东省泰安市
20	日照绿茶	山东省日照市
21	信阳毛尖	河南省信阳市
22	武当道茶	湖北省十堰市等
23	恩施硒茶	湖北省恩施土家族苗族自治州
24	襄阳高香茶	湖北省襄阳市
25	安化黑茶	湖南省安化县
26	岳阳黄茶	湖南省岳阳市
27	英德红茶	广东省英德市
28	横县茉莉花茶	广西壮族自治区横县
29	永川秀芽	重庆市永川区
30	筠连红茶	四川省筠连县

（续表）

茶叶类区域公用品牌（33个）		
序号	品名	属地
31	湄潭翠芽	贵州省湄潭县
32	临沧普洱茶	云南省临沧市
33	安康富硒茶	陕西省安康市
林特类区域公用品牌（16个）		
序号	品名	属地
1	怀柔板栗	北京市怀柔区
2	易县磨盘柿	河北省易县
3	稷山板枣	山西省稷山县
4	铁岭榛子	辽宁省铁岭市
5	建瓯锥栗	福建省建瓯市
6	延平百合	福建省南平市延平区
7	乐安竹笋	江西省乐安县
8	宜丰蜂蜜	江西省宜丰县
9	文昌椰子	海南省文昌市
10	江城坚果	云南省江城县
11	德宏小粒咖啡	云南省德宏州
12	苦水玫瑰	甘肃省永登县
13	灵武长枣	宁夏回族自治区灵武市
14	特克斯山花蜜	新疆维吾尔自治区特克斯县
15	阿克苏红枣	新疆维吾尔自治区阿克苏地区
16	和田玉枣	新疆生产建设兵团和田地区
食用菌类区域公用品牌（10个）		
序号	品名	属地
1	平泉香菇	河北省平泉市
2	汪清黑木耳	吉林省汪清县
3	黄松甸黑木耳	吉林省蛟河市
4	东宁黑木耳	黑龙江省东宁市
5	顺昌海鲜菇	福建省顺昌县
6	邹城蘑菇	山东省邹城市

（续表）

食用菌类区域公用品牌（10个）		
序号	品名	属地
7	随州香菇	湖北省随州市
8	通江银耳	四川省通江县
9	青川黑木耳	四川省青川县
10	商洛香菇	陕西省商洛市
中药材类区域公用品牌（18个）		
序号	品名	属地
1	巨鹿金银花	河北省巨鹿县
2	上党党参	山西省屯留县
3	抚松人参	吉林省抚松县
4	雁荡山铁皮石斛	浙江省乐清市
5	天长龙岗芡实	安徽省天长市
6	霍山石斛	安徽省霍山县
7	济源冬凌草	河南省济源市
8	蕲春蕲艾	湖北省蕲春县
9	化州橘红	广东省化州市
10	永福罗汉果	广西壮族自治区永福县
11	赤水金钗石斛	贵州省赤水市
12	安龙白及	贵州省安龙县
13	文山三七	云南省文山州
14	瓜州枸杞	甘肃省瓜州县
15	文县纹党参	甘肃省文县
16	柴达木枸杞	青海省海西州
17	中宁枸杞	宁夏回族自治区中宁县
18	精河枸杞	新疆维吾尔自治区精河县
其他类区域公用品牌（6个）		
序号	品名	属地
1	流芳茅蔗糖	江西省乐平市名口镇
2	新会陈皮	广东省江门市新会区

（续表）

其他类区域公用品牌（6个）		
序号	品名	属地
3	江津花椒	重庆市江津区
4	张掖种子玉米	甘肃省张掖市
5	霍城薰衣草	新疆维吾尔自治区霍城县
6	岳普湖小茴香	新疆维吾尔自治区岳普湖县

其中，价值500亿元以上的农产品区域公共品牌有4个，分别是五常大米、洛川苹果、赣南脐橙、盘锦大米，品牌价值在200亿～300亿元的区域公用品牌有6个，品牌价值在100亿～200亿元的区域公用品牌有18个，品牌价值在100亿元以下的区域公用品牌有72个。

（2）品牌企业

农产品品牌企业，即生产运营区域公用品牌农产品的相关企业，通常是业内实力强大的知名企业，他们以独特的经营理念、企业文化、价值观和对消费者的服务理念，来进行特色农产品的品牌化经营，以统一的形象和统一的产品承诺，着力于打造优势产品，以赢得更强的竞争优势，换取更大的市场份额，赚取更大的市场利润。

以品牌价值最高的区域公用品牌五常大米为例，介入该产品经营的知名企业主要有：中粮食品营销有限公司、益海嘉里投资有限公司、禾谷实业（上海）有限公司、北纯集团。

（3）产品品牌

产品品牌是一种识别标志，是企业及企业所属产品的核心价值体现。一般是指产品的名称、术语、标记、符号、设计等方面的组合体，代表有关产品的一系列附加值，包含功能和心理两方面的利益点，如：产品所能代表的效用、功能、品位、形式、价格、服务等。

产品品牌多为企业所拥有，是各自的市场行为，多为C端（消费者、个人用户端）品牌，直接面向消费者。

比如，知名企业打造的五常大米产品品牌主要有（见表3-5）：

表3-5　五常大米产品品牌及所属企业

五常大米产品品牌	所属企业
“福临门”五常大米	中粮食品营销有限公司
“香满园”五常大米	益海嘉里投资有限公司
“艾谷”五常大米	禾谷实业（上海）有限公司
“北纯”五常大米	北纯集团

在农产品直播选品上，可采取以区域公用品牌为主导，区域品牌、企业品牌、产品品牌三位一体相结合的筛选模式。

6. 慎选生产主体，做好品质检测工作

消费者对直播电商出售的农产品，主要的负面反馈表现在质量方面。农产品的质量关就是农产品直播带货的生死关，产品的质量直接影响产品销量、粉丝口碑、回头客数量和主播信誉等。要想做好农产品直播电商，首先要把好质量关，慎选生产主体，做好产品的品质检测工作。

（1）慎选生产主体

生产主体即农产品的生产方、制造方，建议选择那些行业龙头企业、品牌企业、种养大户作为货源供应方，因为他们采取的是规模化种植，货源的质量通常比较稳定。

另外，考察生产主体时，要看其是否进行了全程质量控制，农产品的质量控制，主要包含产前、产中及产后三个环节。

第一，产前质量控制。

产前质量控制，即要充分结合当地环境状况，对农产品种植的土地、水质、外部环境等进行科学检测，以确保农产品产地符合生产要求，同时要做好生产前废弃物排放规划和建立无害化处理机制，科学采购相关种植物资，且严格控制安全使用间隔期，对可能出现的农业投入品残留做出评估，切实落实农产品源头控制。

第二，产中质量控制。

结合农产品的生产情况，不断更新种植新技术，为农产品生产提供技术保障。科学制定生产指标，做好农产品生产档案管理工作，在生产过程中，定期对农产品进行风险监测，确保质量安全。

建立健全产品档案，可结合农产品溯源系统，给农产品上“户口”，将

农产品生产的各项信息植入特定二维码中，将二维码贴在产品的外包装上。这样，消费者收到货后，就可以通过手机扫码的方式查找到该包装袋内农产品的生产者、检验者及用药、施肥、采摘日期等详细信息，甚至可以查到该批农产品的种子、育苗情况，让消费者对产品品质放心。

第三，产后质量控制。

完善各级安全监测体系，根据相应法律法规健全农产品质量安全制度，建立农产品检测点，淘汰不合格产品，对于初级农产品的检测，要建立抽查及定期检查相结合的制度，使农产品产后监管落到实处。

同时，农产品生产方还要做好农产品质量安全追溯及例行监测工作，将生产中监管责任明确给各个监管机构，确保农产品生产销售质量监管无缝对接。实现农产品准出制度，杜绝不合格的农产品流入消费者手中。

另外，对于第三方货源，除了生产方的质量监测外，直播方也要做到仔细挑选，特别是有瑕疵的农产品一律不能选择，如果有条件的可以到直接到种植基地现场实地查看、选品，严把农产品的质量关。

（2）自产产品质量把关

如果直播带货的是自家生产的农产品，也要做好质量控制工作。选择优质品种，在种植过程中要科学管理，按照市场和标准化的要求，开展适度规模、绿色优质化生产，增强自家农产品的市场竞争力。

同时，推进无公害生产技术标准普及，严格控制农药、化肥的使用量，减少化学污染和农药残留，确保农产品的第二道质量关。

（3）出货质量控制

对即将出货的产品要做好如下质量控制工作：

第一，按照品级分类，发货商品要做到同直播间品质一致，产品分类要按照大小个头、成熟度、品种等逐次分开、打包，等待发货。

第二，对于容易腐烂变质的农产品，要做好备货周期管理工作，不要提前太长时间备货，以免造成积压腐烂，同时也要确保货源充足，确保能够及时发货。

第三，对农产品做好表面清洁工作，确保让消费者收到干干净净的产品。

第四，选择合适的包装，避免在装箱、装车等物流运输过程中出现磕碰，影响卖相甚至坏掉。另外在装箱时要注意轻拿轻放，保证产品可以完好无损地送到客户手中。

7. 考察农产品产业链是否完善

农产品直播电商是农村脱贫攻坚和农民增收的利器，农产品直播电商模式能有效减少产品流动环节、扩大销售半径，还能通过网络的规模化效应，加速优质农产品的标准化、品牌化进程。在一定程度上延长了产业链，缩短了供应链，提升了农产品产业链的效率和效能。

不可否认，农产品直播产业是当前的风口，尽管在一定程度上可以延长产业链、缩短供应链，但同时也必须依托相应的产业链，农产品电商真正的困难与挑战也恰恰在于产业链薄弱、供应链缺失。

如果缺乏相应的产业链、供应链作为支撑，即使直播电商能够解决市场、销售、消费者的问题，最终很可能也会铩羽而归，因为农产品的产业化和市场化，从来都不是单纯的销售问题。

大家都相信现代化农业是风口，大家都感觉现代化农业难做，做农业项目血本无归、倾家荡产的大有人在。农业为什么看着容易却做着难？有人认为是缺资金，有人认为是难销售，其实这些都不是问题所在，农业的难，关键在于农业产业链薄弱、供应链缺失。

说到底，直播带货还是一种经济行为和市场业态，有着复杂的产业链。如何向产业链两端延伸，推动生产标准化、产业数字化、产地品牌化转型升级，是很多直播带货行业参与者面临的最重要功课。

产业链是产业经济学中的一个概念，是各个企业、商家之间基于一定的技术与经济关联，并依据特定的逻辑关系和时空布局关系而客观形成的链条式关联关系形态。产业链的本质是用来描述一个具有某种内在联系的企业、商户群结构，产业链中存在着大量上下游关系和价值交换，上游环节向下游环节输送产品或服务，下游环节向上游环节反馈信息。

供应链则是指围绕核心企业、商家，从配套产品开始，制成中间产品以及最终产品，最后由销售网络把产品送到消费者手中的将供应商、制造商、分销商直到最终用户连成一个整体的功能网链结构。供应链管理的经营理念是从消费者的角度，通过企业、商户间的协作，谋求供应链整体最佳化。

以常见的农产品大米为例，其产业链至少包含大米种子研发繁育、标准化种植、加工设备制造、产品加工、包装、仓储、运输、销售等环节。大米加工供应链主要包括：大米标准化种植、大米加工、大米包装、仓储、运输、销售及供应链资金。上述任何一个环节出了问题，都会影响产品的供应和销售。

因此，直播带货选品也不单纯是产品选择问题，而应该考察农产品背后的产业链是否足够完善。

（1）是否具备完善的电商产业链

农产品完善的电商产业链应涵盖种植、生产、加工、流通、运营、营销等环节，作为直播带货的运营方，不仅要考虑相应的农产品是否具备完善的电商产业链，还要考量自己是否能够融入、整合上述产业链。

（2）是否具备完善的冷链物流体系

很多农产品的储存运输要依赖冷链物流体系，需要建设生鲜农产品“分级—预冷—包装—储存—运输”的立体链条，才能为农产品的上行（进入直播间）保驾护航。因此，直播方和农产品生产方可以合作共建商业性的农村物流配送体系。

（3）是否将新农人纳入了产业链

现代化的农产品产业链、供应链务必要包含新农人，新农人不仅具备现代化的农业生产技能，还有一定的互联网思维、电商思维、直播思维，他们将是推动农产品标准化、产业化、品牌化、现代化的主要生力军。新农人可以是返乡创业青年（大学生）、大学生村官、农村网店经营者、带头致富的新农人、“三农”创作人等，有大量新农人参与的供应链，才是科学的、成熟的、可持续发展的供应链。

第四章

主播定位：因地制宜选择合适的主播

【本章关键问题】

· 常见的主播类型有哪些？

· 各类主播的优缺点分别是什么？

· 主播带货的常见合作模式是什么？

· 最适合农产品直播带货的主播是谁？

1. 官员主播：地方特色农产品的权威背书

跨界尝鲜，越来越多的政府官员开始走上直播平台、进入直播间，特别是2020年新冠肺炎疫情的肆虐，导致大量农产品滞销，全国范围内有很多市长、县长、局长、镇长等政府官员纷纷化身为网络主播，进入各大网络平台的直播间，为所在地农产品带货，大部分直播带货效果都非常显著。

据统计，在2019年4～11月，先后有来自全国24个省市的500多名县长、副县长走进直播间，为地方农特产品代言。

在2020年新冠肺炎疫情防控期间，又有上百名各地基层干部变身网络主播，在淘宝、拼多多、京东、抖音、快手等平台的直播间为家乡产品吆喝带货，给网民带来了意外惊喜，同时也推广了家乡产品，收获了不少赞誉。

（1）官员进行直播带货的优势与作用

官员进行直播带货，有两项得天独厚的优势：

第一，官员了解当地的农产品情况。

基本上所有走进直播间的官员，都是在为本地的农产品代言，他们作为地方官员，了解当地的农产品情况，也愿意积极推广当地的农产品。

第二，官员是地方农产品的权威背书。

近年来，网络直播带货中主播夸大其词、以次充好等侵犯消费者合法权益的现象屡屡发生，给直播电商带来了很大的信任问题，担心上当受骗也是很多网络消费者的普遍顾虑。而官员进行直播带货，则几乎没有这种信任问题，他们有官方身份的权威背书，能够极大提升消费者对产品的信任度，这种信任度是任何体制外的主播都无法带来的。

很多消费者都表示自己对网红直播间的产品通常会斟酌再三才下单，

但对于县长直播间销售的商品，则毫无顾虑，完全不担心产品会有质量问题。这种官方背景正是官员主播得天独厚的优势。而官员进行直播带货，也有诸多作用。

第一，有助于推动乡村振兴。

地方官员、基层干部化身网络主播推销本地农产品，首先必须要做好功课，必须深入了解本地的农业、农村和农民问题，有助于领导干部准确把握本地乡村振兴的难点和关键，从而促进乡村振兴。

第二，有助于推动农业产业化，完善农产品供应链。

在官员主播效应的带动下，很多地方迅速建立了地方特色农业、农户和市场之间的纽带，完善了农产品供应链，为一些长期滞销的农产品打开了市场，拓展了新的销售渠道，解决了供需矛盾。同时，来自市场的要求又进一步倒逼农产品向产业化、标准化迈进，在官员和政府的推动下，有助于本地农产品形成区域公用品牌，提升当地特色农产品的竞争力和影响力。

第三，有助于带领农民发家致富。

官员直播拓展了农产品的销售渠道，增加了农民的创收渠道，也有助于官员解放思想，带动农民走向共同富裕的道路，让地方扶贫不再流于表面，而是转化为产业扶贫、精准扶贫、长效扶贫，彻底避免农民再次返贫，从根本上解决扶贫问题。

第四，有助于官员与时俱进，提升治理水平。

网络直播是新生事物，官员积极参与并大胆尝试新的网络语言和网络销售工具，不仅能够促进官方同社会公众的沟通与互动，也有助于官员和基层干部转变工作作风、改进社会管理方法、提升社会治理能力。

（2）官员主播的挑战

官员参与直播带货，确实可以取得积极效用，但同时也不可回避官员在直播带货中出现的一些问题和面临的一些挑战。

第一，存在某种程度的形式主义作风。

官员主播同网红主播的定位完全不同，后者是为了赚取利润，而官员主播更多的是出于公益性质，是义务为所在地产品代言、站台，官员直播不是为了赚钱，而是注重名声和声誉。

因此，为了让直播间数据好看，一些官员就动起了小心思，据媒体报道，有些领导为了营造热闹的直播间氛围，会特意组织“水军”在直播间一唱一和配合主播，甚至还有些干部为了营造虚假的销售数据，做出刷单、摊派等销售作假行为，不注重直播质量，只为见报曝光，获得一个好名声。

第二，身不由己，迫于压力不得不做主播。

有些地方官员进行直播带货，并不是自愿的，他们要么是迫于上级压力，不得不硬着头皮上，要么是迫于舆论压力，无奈进入直播间，总之，不是心甘情愿参与直播带货，更多是为了完成上级指定任务。

第三，部分官员主播不具备直播带货的能力。

主播需要具备出色的演说能力、互动能力，而某些官员并不具备这些能力，在直播间的表现也是参差不齐，他们不善于营造直播间氛围，直播效果不佳。正因为如此，我们看到有不少官员主播都会配一名直播助理，用来活跃气氛，避免冷场。

所以，官员主播也需要建立相应的准入机制，让那些真正愿意直播并且具备演说能力、互动能力的官员或是相关部门的政府职员进入直播间一展风采，效果或许更佳。

2. 明星主播：商业价值和人气的直播变现

自2020年1月新冠肺炎疫情暴发以来，我国直播电商发展迅猛。

据CNNIC（中国互联网络信息中心）发布的《中国互联网络发展状况统计报告》显示，截至2020年9月，我国网络购物用户总量接近7.5亿，而平均每100个网购用户中，就有41个是在直播间进行消费。

另据毕马威公司2020年10月发布的报告显示，2020年，中国直播电商规模达到10500亿元；而2021年，直播电商规模将继续保持高速增长，规模将接近2万亿元。

直播电商，显然是一块巨大的蛋糕，形形色色的人纷纷参与到直播带货的热潮中，试图分一杯羹，其中不乏网红、自媒体人、农民、企业老总、村主任、政府官员、明星。

2020年不仅是中国直播带货元年，也是明星直播带货元年。这一年，包括汪峰、汪涵、刘涛、陈赫、叶璇、李湘、王祖蓝、李静、柳岩、林依轮、李湘、叶一茜等明星、主持人纷纷试水直播带货。其中，有的明星一场直播带货交易总额就超过1亿元。

据阿里巴巴统计，2020年，中国演艺界99.5%的明星都走进了直播间，而在“6·18”电商年中大促活动中，淘宝直播间总计邀请了300多位明星参与直播，而京东平台则与哔哩哔哩、快手等直播平台合作推出“明星直播课程表”，活动期间推出了超过30万场次的有明星参与的带货直播。

明星参与直播带货，有其天然优势，在中国首部直播行业纪录片《直播启示录》第三集《明星的棋盘》中，吴晓波老师这样描述明星直播的优势：

“明星做直播，是两个脉冲的叠加。第一个脉冲是直播电商所带来的瞬间直播场观流量，这是直播电商自身的属性，第二个是明星自身的流量。

所以明星做直播和其他人做直播，所产生的瞬间场观人数完全不在一个等量级，它是两大脉冲聚合的结果。”

为什么一时间有如此多的明星参与到直播带货中去?

首先，人们对网红的观念正在逐渐转变，尤其是随着网红具备越来越强的引流能力和带货能力，很多明星不再认为做直播是“自降身份”。

其次，受新冠肺炎疫情影响，国内影视娱乐行业总体低迷，明星也需要寻找一个新的曝光窗口和变现窗口，来缓解人气危机和收入危机。

最后，则是各大网络平台的积极推进和极力邀请，国内电商平台和短视频平台都有各自的直播版图规划，其版图的实现需要借力各领域明星。因此，明星在现实利益的考量下，同网络平台一拍即合，纷纷加入各大平台的直播阵营。

明星主播也确实受到了网民尤其是粉丝的欢迎，且不说买不买东西，很多人都只是单纯地喜欢直播间的氛围，偶尔还有明星做客，又可以把直播当综艺来看。

直播带货风口之下，明星迎来新机遇。然而，明星参与直播带货，也并非一播就灵，不同明星带货效果反差巨大，对明星主播一定要辩证看待，选用时要慎之又慎。

（1）明星主播生存链

明星主播在直播带货行业的生存能力和带货能力是完全不同的，微信公众号“娱乐产业”调查过多家直播平台，从明星粉丝量、直播场次、带货品类、成交金额等维度进行分析，总结出了明星主播的三条“生存竞争链”。

第一，企业家明星＞普通明星。

企业家明星，即同时兼具企业家和明星身份的明星，以“微商明星”张庭和林依轮为代表，对于这些企业家明星而言，直播带货只不过是其商品售卖链中的一种，他们背后的供应链整合才是他们能够在直播间大展身手的真正筹码。因此，企业家明星的生存竞争力和带货能力要强于普通明星。

第二，主持人>演员>歌手。

在这条竞争链里，以汪涵、华少、李湘等为代表的主持人竞争力最强，其中道理其实不难理解，这些“名嘴”的表达能力、互动能力、营造气氛能力更强，熟知各种“梗”，非常适合直播带货。

其次，是以王祖蓝、陈赫等为代表的具备综艺感的演员明星，他们因为出色的综合表达能力和控场能力脱颖而出，也是各大平台和MCN机构争相邀请的对象，带货业绩基本都在千万级。而歌手排在最后，同其表达能力、喜剧感有所欠缺存在一定关系。

第三，中年明星>“小鲜肉”。

在直播带货领域，中年明星由于更具生活经验和生活技巧，反而能够更好地在直播间同粉丝互动，带货效果秒杀流量型“小鲜肉”明星。

（2）明星更善于做代言，而不是做带货

明星直播带货，不乏成交量上千万元甚至破亿元的业绩，但在这些为人们所关注的亮眼数据背后，却也屡屡出现明星直播带货的“翻车”事件。

据了解，有商家爆料在吴晓波的“新国货首发”带货专场，商家付出了60万元的坑位费，最后带来的实际成交量连5万元都不到，而其一款奶粉在直播间仅售出15罐。

小沈阳直播售卖某款白酒，当晚直播间下单只有区区20件，第二天竟然还退货16件，让商家欲哭无泪。

叶一茜在直播间售卖单价200多元的茶具，先后有90万人观看，但最后成交额却不到2000元。

这些明星带货的“翻车”事故，让很多商家纷纷大呼“明星带货简直就是诈骗”。

因此，对于明星主播和其带货能力必须理性看待，特别是对于刚入门的明星，其带货的定位不够清晰，导致只有流量而无销量，最后的结果是明星蹭了一波流量，混了个眼熟，而商家则血本无归。

而且，对于大多数明星而言，他们更擅长的是为商家、品牌代言，而不是直接带货、拉动销售，商家对此要有清醒的认识，如果直播的目的只是利用明星的影响力来提升品牌知名度，那么，可以尝试联合明星一起直播。如果目的只是促进商品销售，那么就需要进行更稳妥的规划。

（3）明星直播带货成功的公式

明星究竟能不能带货成功？答案当然是肯定的，前提是要做好充分的筹划工作。

面朝科技CEO（首席执行官）胡东发现，明星在抖音平台上直播的“翻车”现象最少，因为抖音在联合明星做直播时，对品牌/产品的选择、直播内容/形式的策划、用户需求/偏好的洞察等都有严格的标准和要求。深入分析之后，胡东认为，明星直播带货实则有一个公式可循，遵循该公式往往能够大大提升直播带货的成功率，这一明星带货公式为：

成功的明星直播带货=契合的选品×有趣的直播内容×精准的用户洞察

其中——

- “契合的选品”指的是适合主播粉丝群体的高性价比产品。
- “有趣的直播内容”指的是有创意、有内涵、有张力、有趣味、有引导的直播脚本设计。
- “精准的用户洞察”既指精准的用户流量获取，也包含深度的用户运营。

当同时满足以上三个要素时，明星主播才会带来乘数效应，而其中任何一个短板的出现，都会对直播造成巨大的影响。

（4）农产品+明星直播带货

明星主播的出场费和合作条件，通常不是寻常农产品提供商所能够承受的，“农产品＋明星直播带货”的模式，要更多地从公益的角度去寻求合作，借助网络平台和地方政府，整合明星资源，推动农产品直播带货，比较适用于各地的农产品公用品牌。

3. 网红主播：一天售出一年的货

网红，即网络红人，是指在现实或者网络生活中因为某个事件或者某个行为而被网民关注或长期持续输出专业知识而走红的人。

各大网络平台及细分领域都有专属的网红群体，网红是直播带货的主力军，一些头部网红带货能力惊人，说是一人带货能力堪比一家零售集团，一天售出一年的存货也毫不夸张。

（1）网红直播带货合作模式

网红主播除了自选产品、自产产品的带货外，对外合作带货模式一般有两种：

第一，纯佣金模式。

纯佣金模式，即商家只根据直播间商品销售额的一定比例向网红主播支付佣金，销售额越高，佣金越高，销售额越低，佣金越低，如果销售额为零，则无须支付佣金。

纯佣金模式是商家比较喜欢的直播合作方式，风险较小，但是佣金比例较高，直播行业中纯佣金模式下的佣金比例基本上都在30%以上，有些高达50%，甚至更高。

目前，纯佣金模式仅支持淘宝链接，也就是商家必须有淘宝店铺，店铺的综合得分需高于4.6分，并且产品价格必须是整个网络中最低的，同时，还需要一定的基本销量。对于普通卖家和刚刚开店的卖家来说，这些条件显然难以达到。

第二，服务费+佣金的模式。

即服务费（坑位费）和佣金相结合的模式，也是一种折中的模式，充分考虑到商家和主播双方的利益，也是直播带货圈最常见的一种合作模式。

商家需要向主播支付一定金额的固定服务费（坑位费），再按照一定比率根据实际直播销售额向主播支付相应佣金，佣金比例通常在10%～30%之间，具体要根据产品品类和主播来设定。而服务费（坑位费）也是因人而异，不同平台、不同量级、不同领域的主播，其服务费也各不相同。例如，淘宝网红李佳琦（见图4–1）的直播带货报价为：服务费100万元+佣金40%（国产品牌）或服务费100万元+佣金30%（国际品牌）。

图 4–1 李佳琦淘宝主页

（2）多维度考察网红主播，谨慎选择

网红主播生态圈也适用“二八法则”，即直播带货业绩好、收入高的永远是头部20%左右的网红，而其余的网红主播则大多带货能力一般。而且，网红带货能力并不是由粉丝量所决定的，拥有百万粉丝的主播，其带货能力未必强；而只有数千粉丝的主播，其带货能力却可能很强。

因此，商家在选择网红主播时，一定要擦亮眼睛，多维度考察，谨慎选用。

第一，看主播定位。

网红主播也有分类，有才艺主播、搞笑主播、情感主播、电商主播、“三农”主播、美食主播、旅游主播等。选择主播时，要考虑其定位和自身产品的契合度，比如那些颜值高、会跳舞和唱歌的女主播，吸引的通常都是男性粉丝，如果让他们带货女性用品、农产品，大概率效果不佳。而诸多搞笑主播，或许对品牌曝光有帮助，但真要做销售，预计效果也不会太好。

第二，看主播是否专业。

主播的专业能力表现在是否具备相应的营销推广能力和促销带货能力。有很多主播，日常直播时讲段子、逗笑粉丝、喊麦等都游刃有余，而一旦让他们直播带货，让他们去讲解具体的产品，却讲不出个一二三来，其带货能力值得怀疑。

一个真正专业的带货主播，不仅要善于学习关于产品的各项专业知识，熟练掌握各项性能指标和使用方法及知晓注意事项，还要懂得销售技巧、营销技巧、推销话术和消费心理，否则，就很难做到让消费者在直播间掏钱消费。

第三，看是否存在数据造假。

网络主播为了获得更高的对外合作报价和知名度，进行数据造假的不在少数，他们刷粉丝量、评论量、转发量、点赞量、浏览量、观看人数，而网上也有很多提供直播数据造假的服务商，不仅可提升直播间的转发量、点

赞量、评论量等，还可以代开直播间、推短视频上热门、改销量、处理中差评、升等级，收费从几元至上万元不等，同时还能够帮助在直播间显示“某某进入直播间”“某某关注了主播”“某某正去购买”等提示，让直播间看上去很火爆，实现全流程造假。

网红进行粉丝、人气造假的不在少数，问题是他们的实际带货能力并不强，最终只会坑了商家。因此，商家对于主播要学会透过现象看本质，要学会从主播既往带货商品的品牌、销售数据、评价、主播口碑、网络负面文章等信息做出综合判断。

第四，进入直播间去观察。

商家如果想找某个主播带货，最好自己先去其直播间观察了解一段时间，所谓实践出真知，经过多番观看、考察、对比，总能发现一些端倪。

4. 农民主播：带货能力不亚于网红和明星

国家统计局中山调查队曾经对百名当地消费者开展调研，结果显示，消费者购买农产品，首选渠道为农贸市场，占比70%；其次为大型超市便利店，占比66%；而网络平台则占据消费者购买农产品的第三大渠道，占比43%。超五成受访者曾通过网上直播购买特色农产品，然而直播带货农产品明星不敌农民。

而在网购农产品用户中，有41%的消费者是在新冠肺炎疫情后开始通过直播平台购买农产品的。新冠肺炎疫情发生以来，线上农产品直播模式，迎合了疫情期间人们消费习惯的变化，通过直播平台购买农产品的消费者明显增加，且一直呈上升趋势。

从信任度角度衡量，在所有参与农产品直播带货的主播中，受访消费者对农民主播的信赖度最高，占38%；其次是政府官员主播，占比37%；信任度最低的是网红主播和影视明星主播，占比分别为13%、12%。

为何会出现这种不同信任度?

同明星主播、网红主播相比，农民主播显然更了解“三农”问题，更接地气，更了解农产品的品种、特点，有农村生活经历的他们还可以讲解农产品的生长环境与制作流程，为广大粉丝提供一个了解乡村生活、农业生产的一线窗口。

随着乡村直播的发展，带有一定“土味”的农民主播，也不再是刚起步时大众眼中庸俗、粗劣的代名词，取而代之的是向人们传递乡村日常生活、田野风光、劳作技能、乡村文化等内容的人。农民主播通过直播平台展示现代化美丽乡村的经济、文化、生态、村容村貌、农民生活等发展状况，原生态、真实、不做作，能够引起观众的共鸣。

农民直播为何受到广泛的欢迎？农民主播“核桃哥”认为：“在我看来，为什么能够受欢迎，主要还是因为两个字：真实。我们直播的都是最真实的农村生活，这是城里人平常感受不到的。比如在平时的直播里，对着镜头，我会给大家呈现出最真实的山核桃加工全过程，直播间的观众不用来到农村，就能感受到采摘山核桃的乐趣，感受到我们临安的核桃文化。”

目前农村直播发展正处在上升阶段，吸引了越来越多乡村里有想法、有创意的农民加入直播、短视频等新媒体传播阵营，在抖音、西瓜视频、快手等平台，都驻有大量的“三农”主播，他们通过持续的内容创作和内容输出，记录当地的农耕劳作、风俗人情、农村生活，积淀一定的粉丝基础之后，开店铺或通过直播带货的方式推销当地的农产品，既能提高自身收入，也可以通过推销当地农产品，帮助农民提高收入。

具体来说，农民主播的直播带货模式主要有三种：

第一，销售自家农产品。即将自家养殖、生产的产品拿到直播间来销售，拓宽农产品的销售范围，提高收入。通常带货量较小，适合粉丝量不多的小主播。

第二，销售本地农产品。即主播在直播间销售的农产品，并不全是自家生产的，而是从当地其他农户手中采购的商品，适合那些拥有大量粉丝、带货能力较强的头部“三农”主播，比如西瓜视频平台上的巧妇九妹、小六视野（见图4-2）、泥土的清香等。

第三，带货第三方产品。即同第三方商家、企业合作，前往对方生产基地进行专场带货，商家、企业需支付一定的服务费和佣金，类似网红带货模式。

总的来说，农民主播带货农产品，无须租赁柜台，无须聘请导购，在家里、田间地头直接与潜在消费者沟通，能够让消费者“看到”农产品的好，从而心甘情愿地购买，这是新时代农业经济走向繁荣的一个路径。

农民主播带货若想得到健康发展，还需要进一步规范化。

第一，要注重产品质量。农民主播在辨别产品质量上，相对于其他主播

图 4-2　西瓜视频上的小六视野主页

有着天然优势，因此，一定要发挥好这种优势，严把质量关，产品质量要让消费者看得见、摸得着，不断提升消费者的信任度，实现放心消费。农民主播要想“立得住、行得远”，农产品的质量永远是一条生命线。

第二，农民主播需要各方支持。农产品直播带货是一项系统工程，不仅需要农民主播参与其中，还需要广大农户、地方政府、农产品生产企业予以大力配合支持，完善电商基础设施建设，完善农产品产业链。同时要积极发挥农民主播典型的带头引领作用，发掘更多的农民主播走向直播带货的行列，实现先富带后富，最终实现共同富裕。

第三，需要农民转变观念。贫困地区的脱贫致富，首先要解放观念。农民当主播不是一件丢人的事，其最大的意义在于能够促进农产品的销售，实现脱贫增收。同时，要增进农民对自媒体、网络主播、直播带货等概念的了解，从而让更多农民接受网络直播，接受网络直播带货，并积极参与其中，获得经济收益。

5. 村播：手机是农具，农民当主播

前文谈到的农民主播，多是自生自发成长于各大直播平台的，而村播则是阿里巴巴推出的一项电商扶贫计划。

村播，旨在通过直播新技术带动当地农民创业，帮助农民在直播平台销售农产品，提高农产品的销量，提升农村经济发展水平，实现可持续发展的一种电商脱贫模式。

村播计划，是阿里巴巴公司在2019年推出的一项活动，计划将和全国范围内的100多个省市进行合作，帮助培养农民主播，通过100场以上贯穿全年的脱贫主题活动，为新农扶贫保驾护航。

据统计，2019年，村播计划已累计举办了160多万场公益助农直播带货活动，覆盖了2200个县域，带动农产品销售达60亿元。

2020年，新冠肺炎疫情之下，村播计划推陈出新，阿里又推出“春雷计划2020”助农措施，手把手教农民干“新农活”：农民当主播，手机是农具，直播成农活，数据为农资。淘宝直播还提出要联合山东等16个省区市的商务和农业部门，计划带动农产品销售额150亿元，帮助20万名农民进入直播间，参与农产品直播带货。

2020年4月23日，全国首个阿里巴巴“村播学院”正式落地浙江省衢州市柯城区，当地50名农民主播手持录取通知书，学直播当“网红”。

淘宝村播是一个针对区域原产经济，助力农产品直供销售的一个创业平台，只要符合村播的条件，就能当主播。不过，进入村播直播间的产品必须符合村播的产品要求。

另外，村播还有场地要求，村播的直播场景一般为农产品原产地、工厂、农庄等贴近村播的场景，主播必须为农民、村民、县长、村干部等同

“三农”相关的人员。

不仅阿里巴巴公司，包括腾讯、快手、字节跳动等互联网巨头也都纷纷以各种形式参与推动村播计划，推进网络扶贫、村播助农行动。

（1）村播入驻途径

有两类主体开通淘宝村播：个人、店铺。

个人入驻，需先申请村播达人，然后再申请村播，官方审核通过后开通直播权限同时开通浮现权。

店铺申请村播，可在每个月的15日申请村播资源位，淘宝平台要求店铺有浮现权，且店铺经营的产品要符合村播的产品（农土特产）要求。

（2）村播发展的痛点

村播的发展并非一帆风顺，而是充满了困难与挑战。2020年6月17日，中国网络空间研究院主办了第22期“网络传播沙龙”，嘉宾为来自淘宝直播、腾讯、快手、字节跳动、湖南卫视的5位业界人士，他们以“网络扶贫 助力村播”为主题进行分享与交流。

在讨论中，与会嘉宾提出了村播发展过程中所面临的三大痛点：

第一，农产品非标准化。

农产品非标准化，是我国农产品产业化、电商化进程中的一大障碍，腾讯生态合作部高级总监耿小勇指出：“农产品的非标准化就意味着难以流水线化，导致成本降不下来，电商规模无法形成。”

以某地海鲜产品为例，虽然当地有物流公司，但是由于缺乏相应的分拣、筛选等深加工能力，当地只能让中间商将海鲜运到广州前置仓做二次分拣，把海鲜分成不同规格，再大规模销售分发出去。这样，海产品生产方只是提供初级产品，赚取微薄的利润。

而农产品的集约化、标准化，恰恰是当前农村电商、农产品直播电商的基本要求。因此，如何解决农产品标准化问题，是摆在农产品直播电商从业者面前的一大挑战。

第二，乡村一流带货达人稀缺。

农产品都具有季节性强、损耗率高、保鲜期短、冷链运输成本高等特点，如果当地不具备相应的初加工、深加工能力的话，就需要村播达人在短时间内利用个人影响力和平台张力，将初级产品快速销售出去，避免积压。但是，这类具备一流带货能力的村播达人还比较稀缺，这也正是各大网络平台积极投身村播培养计划的初衷所在。

第三，乡村农人的传统观念很难改变。

在农村地区，多数人都认为贫困是由其位置闭塞且缺乏资源导致的，但事实上，很多地区的贫穷却是由根深蒂固的陈旧观念所造成的，他们没有质量意识、市场意识、服务意识，也缺乏农产品标准化生产的概念，还停留在小农化生产的原始阶段。因此，村播扶贫不仅要从技术上对农民主播进行帮助，还要帮助他们转变观念，用先进农业生产观念和市场意识来武装头脑。

（3）村播培养实施要点

村播是乡村地区致富的探路者，也是农产品产业化的探路者，还是当地带不走的数字新农人，腾讯生态合作部高级总监耿小勇认为要重视对村播的本地化培养，可以通过以下三个方面开展：

第一，注重提升主播对商品的理解力和带货表现力。

第二，提升主播的创作力和平台学习力。

第三，有效整合社会资源，让农产品变成文创品，提升农产品的议价能力，让农产品更具标签化，更有价值。

第五章

吸粉引流：粉丝运营与引流技巧

【本章关键问题】

· 主播如何持续输出优质内容，吸粉涨粉？

· 如何在直播间涨粉？

· 如何提升粉丝黏性，打造粉丝社群？

· 主播应培养哪些商业运营思维？

· 主播（自媒体）应具备哪些基本职业操守？

1. 持续输出优质内容，吸粉涨粉

主播进行直播带货，必须有一定的粉丝基础，各大平台上为人们所熟知的头部主播，无不拥有大量的粉丝，其也经历了从无到有的粉丝增长过程，而只有通过持续地输出优质内容，才能够不断吸粉涨粉，为积累粉丝打下基础，这样直播间才有人气。

“内容为王”这条法则无论在哪个行业都是王道，对于主播来说，无论是图文内容，还是视频内容，或者是直播，只有精心准备、制作精良的内容才能被更多的人喜爱，而好的内容往往都是有价值的或者能引起共鸣的。

【案例】

李子柒，中国内地美食短视频创作者，凭借持续的优质中国风美食短视频输出，在全球圈粉无数（见图5-1）。2020年4月29日，李子柒YouTube粉丝量突破千万大关，成为YouTube平台上首个粉丝破千万的中文创作者。3年间，李子柒在YouTube发布了100多个视频，累计观看量超过13.3亿次，单个视频最高播放量超过5200万次。

另外加上抖音、微博、B站等平台，李子柒全球粉丝总量已经过1亿大关。据了解，仅YouTube平台的视频播放收入，每年就高达上千万元人民币。

相对于其他网红，李子柒的视频产量并不高，但质量极高，无一不是精品，视频制作精良，彰显了工匠精神。

李子柒的每一个视频都是匠心运作，从构思到拍摄，从制作到剪辑，都耗费了大量的时间和心血，其视频制作时间的跨度之大，是常人难以想象的。李子柒曾透露，有些视频拍摄周期长达8个月，视频中展现的生活技巧很多都是现学的，比如为了拍“活字印刷”，她专门花了将近半年的时间去学习，最后才拍出了活字印刷的视频；为了拍摄正宗的兰州拉面制作过程，她专程前往兰州进行了3个月的学习；在蜀绣的拍摄中，整个视频从学习到完成，从染布到绣制，整整跨越了1年4个季节。

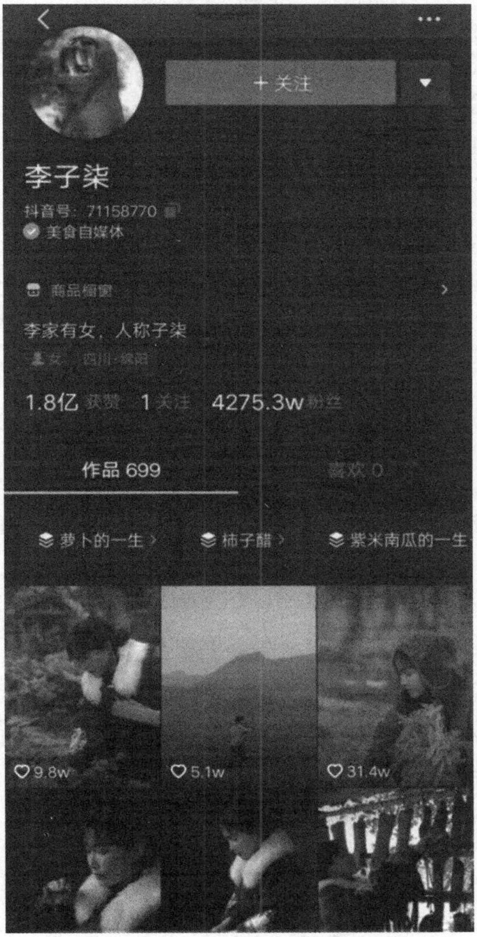

图 5-1　李子柒抖音主页

李子柒的视频画面唯美，整体展现出了中国的古典韵味，充满了烟火气息，体现的是慢节奏的生活，在这个快节奏的时代显得尤其珍贵，她的视频带给了人们不一样的差异化体验。

在李子柒的视频中，并没有英文配音和字幕，也没有一个字夸中国好，但依旧火遍全世界，为全球的粉丝所喜爱，传播了中国文化，因为她的视频就是最好的“中国故事”。

无论时代怎样更迭，内容为王的法则不会改变，优质的内容是媒介产品实现广泛传播的先决条件。离开高质量的内容和专业化的制作，很难形成具有影响力的广泛传播。粗制滥造、速成取巧甚至搬运抄袭的内容是难以长久被人喜爱的，更难以实现流量变现和商业价值的提升。

（1）定位垂直领域

主播输出的内容越垂直，未来的变现价值越高。

抖音、西瓜视频、今日头条、快手等官方指导里也明确推荐新用户做垂直领域的内容，这样也可以得到更多推荐，获取更多收益。

所谓垂直领域，通俗地讲，就是平台已经做好了搭建工作，各类主播只需要在平台分类出来的某个领域做深度挖掘和内容创作。换句话说，就是平台负责做大做强，主播负责做细做精。平台搭台，主播唱戏，唱出自己的特色与优势，这样才能让更多人认识你，关注你。

如果具备条件，在某一领域比较擅长的话，强烈建议大家做垂直细分领域，比如分享护肤经验、孕婴知识、教子知识、“三农”知识等，围绕细分领域甚至是特定的产品、服务去做内容，只要内容制作有内涵、有亮点、有观赏性，那么精准流量和粉丝就会源源不断自动找上门来。

做垂直领域，有几个关键点：

第一，找准垂直服务领域，明确目标群体。即结合自身优势，选择适合自己的垂直领域。

第二，发掘群体需求，提供精准服务。分析目标受众的需求和痛点，在此基础之上，策划内容，制作视频，有的放矢，效果更佳。

第三，不断试错，提升自身能力。根据运营效果及引流、粉丝反馈效果，不断调整策略，精进技艺，提升自身能力，提升短视频创作能力。

第四，与时俱进，紧跟热点爆点。专注做内容的同时，不要忽略同行和外界的动向，了解当下的热点和爆点，直至引领潮流，制造爆点。

我们看到，有很多千万粉丝级别的主播，其变现能力还不如十几万、百万级的主播变现带货能力强，原因就在于其内容垂直度不够。而李子柒之所以大获成功，是因为其定位独一无二，国风网红，展现的是中国独特韵味的田园式生活。

（2）持续输出优质内容

目前，大多网络主播，起初都是依靠一人或少量几人的小团队进行运作，相对而言，在一个较短的周期内，他们有能力提供有价值的垂直内容，问题是难以常年如一日地持久提供高价值内容。

如果内容创作后劲不足的话，将不会再引起消费者的共鸣，难以获取消费者的长期认同，必定逐渐为消费者所离弃。

如何持续提供有价值的原创内容，是主播必须要跨过的一道坎。

内容的生产是一个创意、搜集、组织、提炼、融合的过程，需要创作者投入很大精力，是一项高脑力投入的工作，所以很难长期产生佳作，有价值、高质量内容的提供也就很难成为一种常态。

如何扭转这种局面呢？不妨从以下几个方面入手：

第一，不断学习新知识。著名编剧、微博大V史航说："写不出稿子或本子的时候，我就对生活更加热爱，一般会去逛旧书店，买很多书，像你们女人失恋了就去买衣服、买鞋一样，所以我家里书那么多，就因为我写不出稿子的时候特别多。"自媒体大V都会面临"才思枯竭"的问题，更不用说一般的主播了。所以，应想方设法学习新知识，接受新观念，充实自己的创作素材。

第二，借鉴境外媒体的内容。懂外语的主播可以尝试去编译国外的内容，事实上，国内媒体不少高质量的内容都来自国外网站。

第三，形式多样化。不仅仅局限于文字形式，尝试一下图文结合、音频、视频等内容表现形式。当然，某些特定表现形式比如短视频，受创意、流量、创作团队等方面约束会很大，难度是文字没法相比的。

（3）成为所在领域的“独角兽”

同任何领域、任何行业一样，网络平台上的创作者也面临着两极分化，极少部分头部网红在收割平台红利，绝大部分的不知名主播则在苦苦挣扎，流量不足，粉丝有限，难以找到变现的途径。

即便是头部主播和网红，也会面临粉丝量下降、持续创作能力不足的困境（见图5–2）。

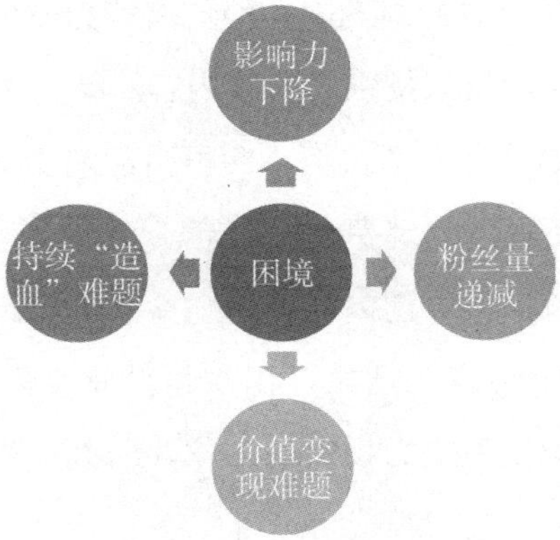

图 5–2　网络主播面临的困境

走出这些困境，实现持久商业价值的根本解决之道，在于让自己成为垂直领域内的“独角兽”，这是“今日排行榜”提出的一个概念，所谓“独角兽”，即——

第一，“独”：是指独立创作能力以及持续输出优质内容的能力。

第二，“角”：是多音字，是角色的角，是有欲望成为某个行业、某个细分领域、某个主攻方向的一个角色。

第三，“兽”：则是指主播、达人的人格魅力，有人格吸引力，才会有粉丝变现能力，有强大的IP力，就是一只招人欢喜的“神兽”。

2. 打造主播的专属IP，实力圈粉

IP，为英语“Intellectual Property”的缩写，直译为“知识产权”，是指“权利人对其所创作的智力劳动成果所享有的财产权利”，一般只在特定周期内有效。

如今的IP已经大大超越了文学作品，也超越了传统知识产权的范畴，举例来说，网红可以成为一个IP，比如李子柒；自媒体人也可以成为一个IP，比如罗振宇、吴晓波、罗永浩；甚至一个故事，一个形象，一首歌曲，一个ID（账号地址），都有机会演化成一个个IP，即互联网商业的新交易入口。

在网络主播打造过程中，主播们大多都有自己的内容垂直定位，也会有属于自己的标签，比如唱歌、舞蹈、脱口秀、颜值、“三农”、带货、中国风等。而主播在做直播带货进行商品分享时也不例外，也需要主播拥有明确的定位以及个人标签，树立一个属于自己的独立IP。

因为，一个好的IP可以提升主播的辨识度，深化消费者对主播的认知，增强消费者对主播的信用感。当主播被贴上标签，与标签融为一体时，主播便拥有了属于自己的IP。

当主播拥有了专属IP，不仅能更好地凭借差异化的IP圈粉，同时也能在直播带货中获得更高的信任度，取得更好的带货业绩。

直播电商本质上是一种基于内容（主播专属IP）的IP电商。所谓IP电商，是以自带流量的主播专属IP为核心，以社会化媒体传播为手段，以社群运营为方式延伸而成的一种新型社群电商模式（见图5-3），它成功打通了内容和商业间的壁垒，缩短了主播的变现通道。

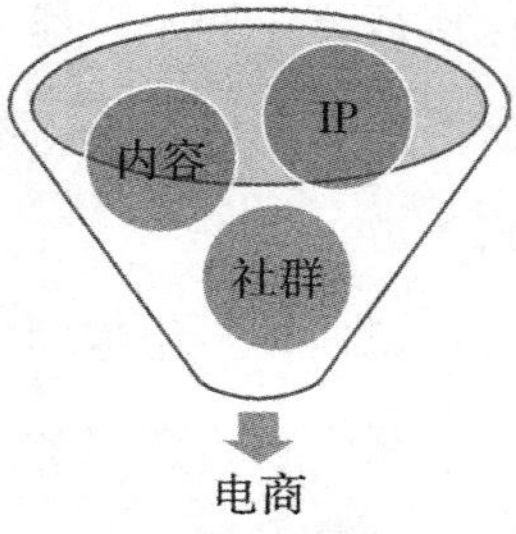

图 5-3　IP 电商生态系统

在IP电商生态系统中，主播输出的内容是基础，社群是具有认同感的流量资产，而直播电商则是一种重要的变现手段（见图5-4）。

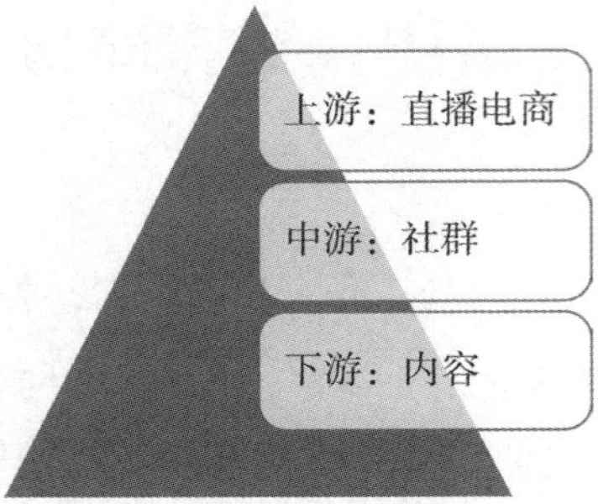

图 5-4 IP 电商产业链

（1）IP 电商的特征

第一，IP电商是一种粉丝经济。

IP电商自带粉丝流量，是通过社会化媒体传播而产生的一种“粉丝经济”。

第二，IP电商的关键在社群。

在IP电商时代，每一个具有粉丝的IP都可以发展电商，而IP电商的关键在于社群的容量和质量。通常，一个微信群、一个微店就能聚拢起一个社群，将离散的用户聚集在一起，通过对社群用户二次聚集和分层，可以实现精准营销。

第三，IP电商是最短的变现交易入口。

IP电商是一种最具效率的流量变现模式，因为IP本身具备人格化、符号化特征，它们不仅能够创造新的用户流量，提高用户黏性，还可有效打破社群用户的信任壁垒，顺利实现商品的渗透和销售，是一种变现路径最短的交易入口。

第四，各不相同的流量特征。

每个自带流量的主播IP，都有别具一格的流量特征，比如：李子柒的流量特征是古风、美食、田园生活；薇娅的流量特征是：淘宝一姐、带货、品宣；罗永浩的流量特征是特立独行、匠人气质。

流量特征是IP的识别符号，会直接影响粉丝类型和社群气质。

第五，被认可的价值观和高认同感。

受众人群（粉丝、社群）对特定电商IP有着高认同感，认同特定的IP，喜爱并认可其价值观。

第六，超强的生命力。

优秀的IP打造的IP电商具有持续性强、辐射范围广的特性，围绕优质IP进行的电商布局，通常具有较长的寿命，能实现IP价值的最大化。

（2）打造IP电商供应链

IP的价值并非恒定不变，需要用持续高质量的内容产出来巩固IP价值，否则，就难以实现持久的价值和口碑，还容易导致固有用户的流失。

因此，运营IP电商的同时，还要打造出一条IP产业的供应链，从IP上下游相关资源进行布局，为IP的发展提供持续的动力及后方保证。

IP电商的实现，有三个步骤：

第一步：实现“电商内容化，商品人格化，流量社群化”。

第二步：做到“内容商品化，人格IP化，社群流量化”。

第三步：推进“IP品牌化，社群亚文化，流量平台化”。

（3）主播IP打造的三个维度

新手主播应当如何去打造个人的专属IP呢？可从三个维度来展开：

第一，塑造独特的外在形象。

主播外在形象的塑造要做到差异化，所谓差异化，就是与众不同。举个简单的例子，你是苹果，我就是梨，你是梨，我就是香蕉，反正就是要和你不一样。这样，能够有效建立自己不可替代的差异化竞争优势。

有了差异化的外在形象和标签，才能更容易被消费者识别、记住。我们看到，一些知名主播都有自己的专属形象标签和人设，比如甜美人设“冯提莫”、知性人设“女流”、最皮人设“大司马”、性感人设“张琪格”，有了这些明显特征的人设加持，主播可以将自己的特色发挥到最大化，也在消费者的心中形成了鲜明的性格特征，十分利于主播在消费者心中树立形象。

如果主播的个人形象实在没有亮点可挖，也可以用一个吸引眼球的道具作为辅助。甚至可以在旁边放一只小动物，比如猫、狗等，让人对主播产生独特联想和记忆。

第二，形成专属主播风格。

主播风格可以结合主播个人性格、形象、优势、兴趣爱好等要素，并结合粉丝群体的画像和喜好，去做综合定位。主播的风格可以从这些类型去设定：邻家大哥型、幽默风趣型、活泼可爱型、御姐型、成熟稳重型、搞笑型、专家型、憨厚型等。

一旦主播风格确定，就不要轻易做改变，应该坚持下去，不断加深消费者的印象，直到形成自己的专属风格。

第三，专属内容IP、专属标签。

即主播输出的内容，要有明显的差异化特征和强烈的个人特色，要在自己的垂直领域内，比如美妆、科技、服装、农产品、知识付费、文化旅游产品等，传递有价值的内容。哪怕你只是卖水果，也要做一名水果专家，将水果的营养价值、产地属性、口感、文化内核等相关的一切研究透，并在直播间将你的专业展现给粉丝，以提高粉丝信任度和粉丝黏性，形成自己的专属标签、找到自己的专属细分领域。

3. 直播间涨粉技巧

直播的精髓是互动，直播不同于提前准备好的视频，没有彩排过程，直接上场。互动技巧的好坏将会直接影响直播间的氛围、涨粉效果和直播效果。

因此，不论是在直播带货，还是在日常直播中，主播都要掌握好下列互动、涨粉技巧，不断提升直播间人气，同时增加粉丝。

（1）姿态要轻松自然

直播最忌表情僵硬，没有肢体动作的配合，但是新手恰恰在这一点上存在短板。当然，如果是女性新手初次直播，略带羞涩，稍微有些扭捏的话，可能还会被观众视为可爱，但应当把握好分寸，不可一直持续这种风格，否则会被认为是做作。

直播时应尽量做到轻松自然，大大方方，这样直播间的观众也会处于一种轻松无戒备的状态，主播自身也会逐渐放开，适应直播的节奏，进入一种较为舒适自然的状态。

（2）做到礼貌热情

要让观众感受到你的礼貌和热情，比如：

第一，对进入直播间的观众或是关注自己的粉丝，要表示欢迎。

第二，对送礼物的粉丝，要表示感谢，能说出他们的名字就更好了，比如“谢谢××哥哥的礼物”。同时，要注意无论礼物的数量和价值多少，都要做到一视同仁的致谢，向送礼物的粉丝表达尊重和感谢。

第三，时不时地提醒、鼓励别人关注自己的账号，以达到涨粉的目的。

第四，直播屏上出现的问题，如果有间隙就要及时做出回答，这也是避免冷场的一个小技巧。

第五，对于送出大礼的粉丝，要予以特别感谢，比如特意唱一首歌以示谢意。

第六，如果长时间没有粉丝送礼物，也不要直接当面要礼物，这种行为不仅掉价，而且也让粉丝反感。但可以采取一些委婉的方式来暗示粉丝，比如："很久没有看到过××礼物了！""求上榜！"等话术，来调动粉丝送礼物的积极性。

（3）唱歌、跳舞、段子齐上阵

直播时间一般较长，确保长时间不冷场，是合格主播的基本素养。那么，平时就要注意多积累，如果你擅长唱歌，就多准备一些流行歌曲，如果擅长跳舞，就多学习一些能够带动节奏、活跃氛围的小舞蹈。

对于当下一些热门段子，也要注意积累，尽量背下来，如果实在做不到，也可以在镜头捕捉不到的地方放一些提示白板。另外，再配合当下的一些热门话题，如此搭配起来，相信你的直播间就不会再冷场了。有些新手主播还提前将备用段子抄在纸条上，直播时照着读，虽然略显生硬，但也不失为一种救急的办法。

（4）注意照顾到新进入直播间的人

直播间可能不断有人进入，一定不要长时间冷落新进入直播间的人，忽略他们的存在。特别是当有人进入直播间后，主播还一直同老粉丝互动、聊天，这会引起新进入直播间的人的反感，很可能会立马离开，因为他们进来是想看主播的表演，而不是欣赏主播同少数几个人的打情骂俏。因此，主播要随时关注直播间的动态，照顾到所有人的感受，掌握好直播的节奏，不要跑偏。

（5）积极同粉丝互动

在直播过程中主播要积极与粉丝互动，提升直播间活跃度，还可以通过发放一些福利、红包、小礼品等激励方式，来留住直播间的人，提高直播间热度，提升直播内容曝光度。

（6）学会尬聊

主播在适当的时候要自言自语，必要的时候要放下面子，善于尬聊，尤其是在直播间人数较少、氛围冷清时，更要自言自语，避免冷场。

主播要主动出击，善于介绍自己，让气氛活跃起来，多和粉丝沟通，注重交流，尽可能将粉丝引导到你预定好的话题中，将直播的控制权掌握在自己手里。尬聊内容可以是：

第一，时下热点。

第二，主播的近况、行踪。

第三，当下流行歌曲。

第四，听到的一些趣闻。

同时要时刻紧盯屏幕，留意粉丝留言，及时做出回应。

（7）做好宣传工作

前期也可以通过直播间、短视频、图文内容、朋友圈、互粉群等对下次直播进行宣传。在资金允许的情况下也可以购买官方流量。

（8）保持平常心

直播时要保持平常心，不可能每个进入直播间的人都成为自己的粉丝，也不可能做到被人百分百喜欢。但主播应尽可能地保持平常心，能够接受直播间中的不和谐声音，不要让少部分“黑粉”影响情绪及直播大局。

4. 福利激励：有效提高粉丝忠诚度

粉丝即流量，粉丝的忠诚度是主播直播带货能力和变现能力的一个重要衡量因素。

主播的粉丝，通常具有较大的流动性。以淘宝直播为例，主播的粉丝是淘宝用户的一部分，用户更多的是在体验网络逛街的感受，他们游走于各个直播间之间，也并不知道自己想要买什么商品，因此用户的忠诚度并不高。

淘宝平台的统计数据显示，用户在每个直播间平均停留时间只有短短的5分钟，这就要求主播一方面要快节奏、高度聚焦地去讲解产品，按节奏迅速换各种产品，同时还要注意通过各种方法来提高粉丝忠诚度。

（1）读懂粉丝需求

粉丝同普通用户有较大差异，粉丝是更具忠诚度的用户，而且，粉丝对主播的贡献要比普通用户大。普通用户追求的通常是性价比，而粉丝则更多追求认同感、归属感、参与感、炫耀感等。要想提高粉丝忠诚度，就要从粉丝需求的角度，给予及时的满足、正确的激励和适当的刺激，以保持粉丝对主播的忠诚。

（2）满足粉丝心理

人都有虚荣心，粉丝也不例外，尤其那些忠诚度高的粉丝、经常打赏的粉丝，更要满足他们的虚荣心和优越感，这是粉丝忠诚于主播的基本驱动力。

可通过建立一套合理的公开激励机制，比如，可以采取积分、等级、排行榜、奖品等激励机制，去满足粉丝的求胜欲和优越感。

（3）玩法不断推陈出新

网络世界的玩法瞬息万变，主播务必要在粉丝厌倦期来临前推出新的玩法，不断提高其参与度。一旦主播不能与时俱进，及时更新直播模式、粉丝互动机制和玩法，那很快便会出现“粉丝”转“路人”的情况。

（4）适当制造惊喜和感动

主播要懂得适时回馈粉丝，比如通过抽奖、赠送定制礼物、给核心粉丝送生日祝福等方式来用心经营粉丝，给粉丝制造惊喜，感动粉丝，可以极大提高粉丝忠诚度。

（5）提供高性价比的产品

主播在直播带货时，要设身处地为粉丝利益考虑，要注意产品和服务的质量，将为粉丝提供高性价比的产品作为维护粉丝的基本原则，良好的产品口碑会间接提高粉丝忠诚度。

（6）坚持直播，勤奋敬业

铁打的主播，流水的粉丝，要想提高粉丝忠诚度，实属不宜。李佳琦曾说过：“我只要一天不直播，我的99%的粉丝就有可能跑到别人的直播间去。”

知名主播尚且如此，更不要提普通主播，若想提高粉丝忠诚度，首先要做一名勤奋敬业的主播，坚持每天直播，切忌两天打鱼，三天晒网。

（7）对粉丝进行分类管理

不同类型的粉丝对主播的意义是不一样的，要懂得区分“土豪粉”“铁杆粉”这类核心粉丝及“吃瓜粉”。最好能了解核心粉丝的工作、所在地、生日、个性等个人信息以便于有针对性地维护。

（8）做一名宠粉的主播

宠粉，即宠爱自己的粉丝，最早是指明星很宠爱自己的粉丝，明星发自拍、直播、举办粉丝会等行为，都是宠粉的常见方式。

主播的宠粉行为更接地气，形式也更多样化。比如，在直播间发红包、带货时，主播掏腰包补贴粉丝、送礼物、线下请吃饭等。还有一些宠粉行为表现在对粉丝的态度上，比如快手平台拥有1600万粉丝的王者荣耀主播“九天狐”就非常宠爱粉丝，他认为粉丝是自己的衣食父母，他曾说过一句触动粉丝的话——“动我可以，动我的粉丝试试”。

善于花式宠粉的主播，能够有效提高粉丝忠诚度。

5. 打造粉丝社群，提高粉丝黏性

网络上的粉丝来无影去无踪，甚至朝秦暮楚，今日关注，明日取关，缺乏强黏性，关注了也不一定所有的视频、直播都看，只为了看的时候图个方便。

如何提高粉丝黏性，是主播们面临的共同困扰。粉丝是需要经营的，要通过社群思维来维系粉丝。

艾瑞咨询在《2016年中国网络社群研究报告》中，给网络社群下了一个明确的定义——

“有共同爱好、需求的人组成的群体，有内容、有互动，由多种形式组成。社群实现了人与人、人与物的连接，提升了营销和服务的深度，建立起了高效的会员体系，增强了品牌影响力和用户归属感，为企业发展赋予新的驱动力。”

今天，我们所言的社群更多是网络社群，比如我们通过抖音引流到QQ群、微信群上的粉丝，都可以视为一种社群，社群是一种基于互联网的新型人际关系。

打造粉丝社群，需要回答以下五个问题：

（1）社群的定位是什么？

社群定位同个人的专业方向密切相关，即你所提供的内容和价值满足的是哪些人群的需求，那么社群就要定位在这些人群身上，设法吸引他们进社群。

（2）目标人群在哪里？

粉丝是慢慢积累的，要注意口碑传播，口碑好，用户就会争相传播，介绍新的用户，他们又会发展成新粉丝。根据惯例，第一批粉丝积累会比较困难，一旦完成了粉丝的原始积累，且能持续为粉丝提供优质内容和价值，就能换来粉丝的裂变式增长。

（3）社群门槛是什么？

确立门槛，即为社群制定一些规则和门槛，以提高社群成员的商业价值，为将来的商业化和变现打下基础，俗称“洗粉”，就是筛掉一部分低价值粉丝。

门槛的设置，可有效避免鱼龙混杂，保持社群价值观的高度一致。

另外，对已入群的粉丝，也需借助相应的群规来制约，如不准闲聊、不准聊一些无关话题、禁止谩骂和人身攻击等。

当然群规的设置要因群而异，要掌握好尺度，既不可太严，也不要太松，不过，群规一旦确定，就要严格执行。

（4）社群能给粉丝带来什么？

这一点至关重要，粉丝加入社群，一定有所图，要么是知识，要么是经验，要么是潜在的机会或实惠。

比如，“罗辑思维”社群得以形成的关键原因，在于它能为粉丝提供高质量的知识分享，将这些知识以通俗易懂的方式传达给粉丝。有了价值的传递，社群关系才能持久。

（5）何时考虑变现？

打造社群的最终目的，是实现流量的变现或持续变现，况且维护社群本身也需要付出人力成本、物力成本。不去考虑、设计盈利模式，社群一样无法长久存在。何时考虑变现的问题，有四个制约因素（见图5-5）：

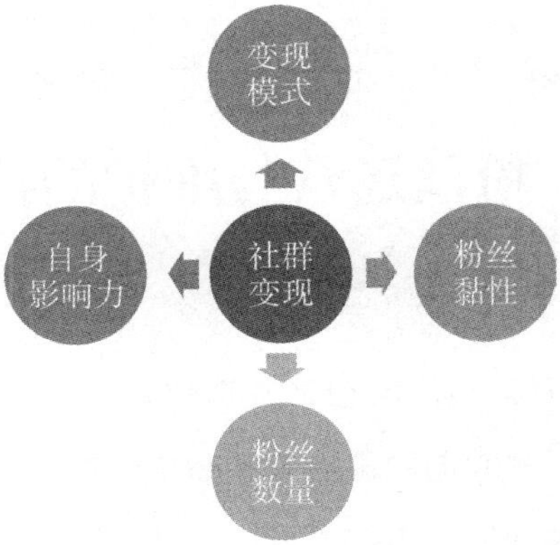

图 5-5　社群变现的制约因素

只有当主播的影响力（人格魅力）达到一定程度，粉丝量突破一定临界点，粉丝具备较强的忠诚度，且有合适的变现模式时，方可考虑变现的问题。

否则，如果只是跟风去打造社群，不去深思建群的目的，没有稀缺内容和价值的输出，只想借助社群去获利，从粉丝身上套现的话，那社群很快就会“死掉”。

6. 社群管理：粉丝运营与维护的技巧

社群通过高质量内容和价值观来筛选用户，用户沉淀下来之后形成社群，社群初具规模后，其共同的价值观和需求可推动主播不断输出精准优质的内容，从而吸引更多的优质用户入群，让社群更注重满足用户需求，注重互动。这样，围绕社群的变现模式就多样化了（见图5-6、图5-7）。

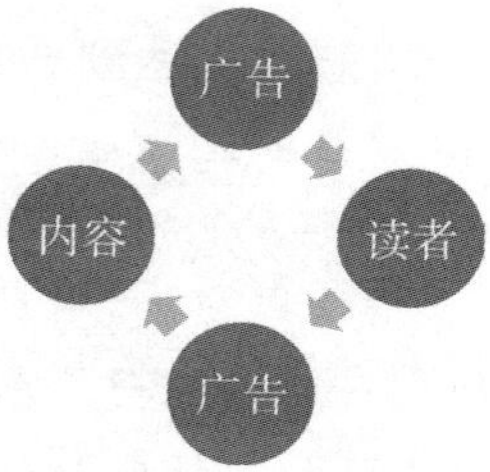

图 5-6　传统媒体生意模式

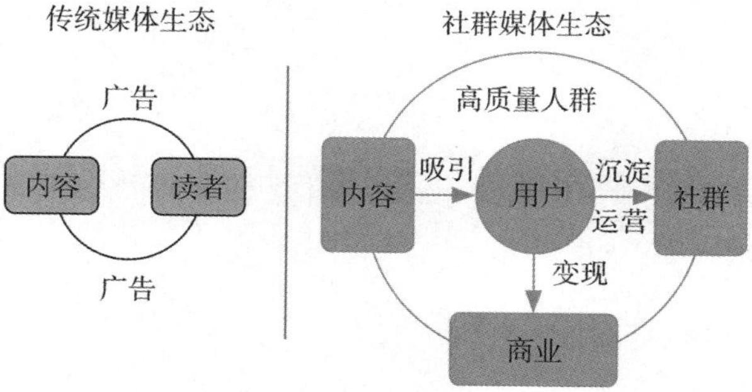

图 5-7　自媒体社群商业生态

通过社群价值观联系起来的用户，具有共同的价值观，更具商业价值。一些优质主播让内容充当入口功能，来吸引同质化人群聚集，形成社群，再依靠直播电商、活动、营销等方式变现。社群价值观的传递，以及社群关系链的维护和情感沉淀，将对自媒体未来的发展起到重要作用。

（1）确定社群价值观

所谓社群价值观，即社群成员的共同愿景，共同目标。用户加入某个社群，都有自己特定的目标，要么是为了获得性价比高的商品，要么是为了得到成长，要么是结交人脉、提升自己，这是社群能够吸引用户加入的核心所在。

社群价值观，回答的其实是“用户为什么要加入社群”这样一个问题。

（2）界定目标用户群体

即想让哪些用户加入自己的社群。确定目标用户群，才能根据他们的特征、痛点、需求，去提供针对性的内容、产品和服务。

（3）改变内容生产模式

传统主播生产内容的模式或直播模式往往是单方面的创造，凭着自己的感觉、由着自己的性子来创造，至于用户是否喜欢，则很少在他们的考虑范围之中。

社群主播的内容生产则打破了这一模式，它采取的是“PGC（Professionally-generated Content，即自媒体专业生产内容）+UGC（User-generated Content，即用户生产内容）”的内容生产模式（见图5-8），即内容由社群成员共同创造产生，经过深加工后，再以优质 PGC 内容的形式呈现。

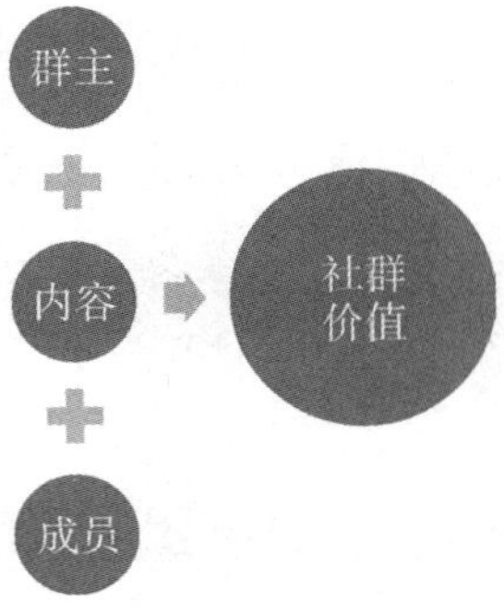

图 5-8　社群自媒体内容创作模式

这就解决了传统主播（自媒体）面临的两大难题：

第一，优质内容持续生产的问题。由社群成员共同制造的内容，乃集群体之智慧，不用担心内容枯竭的问题。

第二，内容审美疲劳的问题。同样的道理，源自社群成员的内容，由于强调集体参与，当然也就不会出现审美疲劳。

（4）社群营销话术设计

当我们用尽心机将粉丝吸引进微信群、QQ群之后，这只是刚刚开始，而非万事大吉了，否则粉丝退群的速度要远远快于进群的速度，让前期的引流努力付之东流。

因此，要想留住这些粉丝，并开展进一步的营销工作，就需要设计好方方面面的应对话术。

第一，欢迎话术。

新粉丝入群后，欢迎性话术的设计，要充分换位思考，给人留下良好的第一印象。比如——

“欢迎新朋友加入我们的大家庭，本群每天定期分享……方面的知识（特价商品信息），如果觉得群里消息过多，可以设置消息免打扰，等空闲了再查看我们的群。另外，群里面会不定期举行直播间同款产品的秒杀活动哦！”

使用欢迎话术的目的是得到大家的好感，说话的态度不要太过强势，尽量给人留下一个好印象，给他们的暗示应该是——我能提供给你们的是你们想要的，但是又不会过多地耽误你们的时间。

第二，群规话术。

使用规则性的话术时语气也要尽可能委婉，免得惹人反感。比如——

“本群是学习交流群，不允许发布广告、二维码，分享其他无关信息哦，如果违规，会被请出去的。”

如果有人对此表示不理解，可这样予以解释——

“本群是学习分享群，为了方便大家学习交流，就要有一个清净的群环境，如果每个人都随意发布信息，那么群里就乱套了，时间长了大家自己都会由于反感而退出。而且，太多的杂乱信息也容易让大家忽略一些关键性的优惠信息。”

第三，转介绍话术。

当群里有人想介绍朋友加入时，可以这样设计回复话术——

“亲，把咱们的群号发给你的朋友，申请加入时让他填写验证信息：××××，管理员看到这个暗号后，就会准许加入了，否则是无法通过的。”

第四，成交引导话术。

群里面除了进行日常学习和分享信息之外，不要忘了最终的营销目的，在发布产品信息时，可根据产品类型来设计具体的直播引流话术。比如——

“我们的爆款产品又到货了，为了感谢大家一直以来的支持与陪伴，本周五晚八点，直播间不见不散。”

（5）社群互动

社群运营的关键在于成员的互动和参与度，互动性强、参与度高是社群运营追求的目标。

在设计互动规则时，要考虑如何才能最大限度地调动成员的积极性，同时又要保证互动行为不偏离社群主题和价值导向。比如，一些成功的社群往往通过邀请嘉宾分享干货、群主定期讲课、社群用户分享个人实践案例和心得的形式，来提升社群成员的参与度和社群的活跃度。

社群互动是为了实现一定的运营目标而进行的良性互动，要避免单纯为了活跃气氛而进行的无价值互动。否则，也就失去了社群存在的意义。

（6）社群价值输出

要定期将经过社群内部互动、沉淀、加工完善后的内容进行总结、提炼，进一步在社群内外部平台进行传播、扩散，展示社群互动成果，扩大社群影响力。

7. 主播要有商业思维

直播从本质上讲是一种内容创业，腾讯网副总编马立曾指出内容创业需要解决三大问题——内容、流量和变现问题，相对于内容，流量和变现才是内容创业的关键所在。

流量和变现恰恰是普通主播的短板所在，也是主播直播营销变现问题的根本所在，这些问题至少包括：

创意如何产品化?

如何解决流量问题?

如何确定直播电商的商业目标?

如何实现商业计划?

怎么计算投入产出比?

……

主播引流也好，营销也好，直播带货也好，都是一种商业行为，要用商人思维去应对。

（1）用商业思维做主播

商业运营是一个系统工程，事关钱、财、物、进、销、存，涉及人、货、场，它要求自媒体团队在市场调研、定位、策划、市场营销、执行力、领导力、团队组建、财务体系、公司架构、内外协调、退出机制、预算等一系列领域具有跨界的知识积累。

举例来说，拥有400多万粉丝的“三农”主播“乡村小乔”，不仅视频播放收入可观，而且还开通了头条小店，通过电商模式拓展变现渠道。同时，还建成了自己的棉被加工厂，生产棉被以供直播间带货之用。这涉及选料采购、工厂管理、人员招聘及管理、成本控制、仓储管理等一系列工作，这都需要生意思维、商业思维，不仅仅是自媒体思维。

中国古代思想认为，天有五行，相生相克，中医也说，头痛未必医头，脚痛未必医脚，讲的就是系统、联系、秩序。同样，无论是做小生意，还是创大业，其实都是一个系统工程。很多主播在变现过程中出现各种问题，往往在于没有把创意和灵感放到一个更大的经营环境当中去关联思考、去全面论证、去协同调整。

主播，如果多一点跨岗位、跨职能、跨身份的思维，就能最大限度地规避风险或是力臻完善，可以走得更远。

此外，既然是商业化运作，就要积极借助资本的力量，资本的介入，有助于自媒体更好实现持续生产、团队作战，获得持久的竞争力。

（2）团队化运作

相对于单打独斗，团队化运作的商业行为，成功的概率要大一些。通过引入合作伙伴，进行团队化运营，能够互相弥补短板，提升决策水平，合伙人各得其所，优势互补，其眼界和高度，都非个人所能比。

主播账号的运作模式有两种：

第一种模式，个人运作，即单打独斗的模式，所有创意、策划、内容组织、视频拍摄制作、后期推广，全由一人所为。这是一种比较常见的玩法，也是绝大多数网络主播的运作模式。

第二种模式，团队化运作，即采取团队合作的模式，团队成员分工协作，各司其职，优势互补，用专业的人员、专业的设备，以专业的流程和严格的标准，来制作专业的视频，在直播时进行团队合作，这是一种专业的玩法。

团队化运作模式在专业度、持续化生产能力上，显然是优于个人单打独斗的。不过，团队模式需要大量的资金、资源和人力投入，非一般个人所能承受。比较适合企业和明星、网红以及大V。

一个成熟的主播运营团队需要以下几个方面的人才：

第一，策划人员。策划人员要及时了解所在网络平台的最新动态、流行趋势、热点讯息、创新玩法，这样才能够策划出顺应潮流的作品，产生一流的创意。

第二，文案撰写人员。配合策划方案，落实视频的标题、字幕以及其他文案。

第三，摄制人员。包括摄影师、模特、设计师等，负责将策划人员的创意落地，将视频拍摄、制作出来。

第四，社群运营人员。主要用来运营粉丝社群，与粉丝互动，及时回复粉丝的留言和私信，同时根据账号的营销属性，做好粉丝导流工作，最终实现变现和其他的营销效果。

（3）拓展多元化的变现渠道

主播进行直播带货的最终目的，是实现商业价值，也就是变现。除了最常见的直播电商变现外，还应探索更多的变现模式，实现主播价值的最大化。

第一，广告变现。

通过对外广告合作，植入企业、商家的软广告，达到变现目的，这也是各大平台官方比较认可和支持的一种变现模式。

第二，引流到线下实体店。

短视频往线下引流，最经典的案例要数西安“摔碗酒”。该商家坐落于西安城墙脚下的永兴坊，抖音上同类视频有很多（见图5-9），可以看到，视频中有中国风的背景音乐，“好汉”端起一碗黄酒，一饮而尽，随后将碗痛快摔碎，一个短短的抖音视频，引爆了大众的热情，游客纷纷涌向“摔碗酒”的摊点，想体验一把好汉的感觉。该视频不仅带火了“摔碗酒”商家，捎带着附近小吃一条街都火爆了起来，成了抖音上的网红景点之一。西安当地政府为了宣传西安的整体旅游形象，还同抖音官方签署了战略合作协议。

除了常见的为线下实体店导流，让粉丝前去消费外，网络主播、自媒体人还能以短视频的形式帮助一些连锁加盟品牌进行招商拓展合作，吸引加盟商，获得利润。

第三，组织线下收费活动。

基于粉丝社群，利用自身影响力，可组织沙龙、培训、演讲、分享、交友、骑车、旅游等线下活动，从活动中盈利，一方面可以获取门票收入，另外还有可能找到赞助商，收取赞助费用。

第四，卖服务。

除了销售有形产品，主播、网红、达人还可以卖无形的服务，比如技术指导等。

图 5–9　“摔碗酒”抖音视频截图

第五，粉丝打赏。

开通直播权限的账户，可以在直播中得到粉丝打赏。

第六，卖号变现。

在自媒体圈里，有一部分人专门依靠批量运作账号，通过各种手段引流吸粉，待粉丝增长到一定程度就靠卖号赚钱。

第七，影视演艺收入。

一些外形出众、条件优越的超级网红，还有机会进军娱乐圈，或参加各种形式的商演，获得出场费。据了解，网红papi酱参加综艺节目首秀的出场费高达2000万元。

8. 主播的自我修养

2016年10月底，一段名为“揭秘大凉山公益作假”的视频在某直播平台广为传播。

视频中，有10余名衣着破旧的大凉山地区的村民和小孩被“志愿者”分发了数量不等的水果、衣物和食物，每个小孩手中还都拿着“志愿者”分发的一沓沓百元钞票。

不过，视频录制完成之后，一名白衣男子就逐个收回了小孩手中的钞票，另一名身材肥胖、有文身的黑衣光头男子则在一旁观看，等钞票被悉数收回后，两人走向面包车驱车离去。

据视频发布者披露，视频中的黑衣光头男子，是一个做自媒体的名叫“宿州杰哥”的网络主播，他在数月前就开始前往大凉山等贫困地区，通过做“假公益”的行为来达到涨粉的目的。

据了解，通过这种“伪慈善”的直播方式，自媒体创作人涨粉极其迅速，有人仅仅用了2个月时间就从数百粉丝涨到上百万粉丝。

对自媒体创作人而言，粉丝量意味着经济价值，有粉丝就有了刷礼物的机会。这些网络主播一天很轻松就能收入上万元，有人甚至通过这种方式年入数千万元。

这种闹剧，不仅是在为网络主播抹黑，也在一定程度上构成了民事欺诈。

不论是网红、大V，还是不知名小主播，都有社会影响力，其言行举止都具有公众效应，不再单单是个人行为，而是一个人格体，因此主播应具备基本的职业操守和个人修养。

（1）坚定操守

利益至上的现实以及网络环境里，某些利欲熏心的主播，为了追求利益而不择手段，肆意渲染虚假消息、用恶俗标题来吸引点击，通过造假来蒙混过关，骗取流量。如此操作得来的流量和关注，来得快去得也快，难以持久。

自媒体人必须遵从最低道德底线和行业规范，坚守基本的职业操守，懂得自律，管好自己。

（2）思想独立

真正具有影响力、能够成为行业意见领袖的自媒体人，都具备思想上的独立性和人格上的独立性，不人云亦云，拒绝随波逐流，在观点和言论上自成一家。

（3）保持原则

现实中，有很多主播为了攫取利益，而不惜做枪手，无底线地去为商家做公关，做宣传，或受金主指示恶意打压竞争对手，成为任人操纵的木偶，成了金钱的奴隶。

（4）不弄虚作假

具体表现在两个方面：

第一，不为商家做虚假宣传，不替骗子站台。

第二，在数据和流量上不弄虚作假，不刷粉丝量，不刷阅读量。

（5）不销售假冒伪劣商品

在直播带货时，要严把产品质量关，杜绝假冒伪劣商品进入直播间，杜绝欺骗消费者的短视行为，要以质取胜，赢得持久的信誉和正面口碑，让直播带货事业长青。

（6）抱持谦卑之心

网络主播应保持谦卑，敬畏粉丝，敬畏消费者，注意阶段性地清零、提升自己，回归初心，不断提升个人修养、境界。

第六章

直播筹备：做好直播前的准备工作

【本章关键问题】

- 如何配置主播团队成员？
- 常见的直播硬件设施有哪些？
- 直播脚本如何设计？
- 直播前需要做好哪些准备工作？

1. 团队搭建：组建高效直播团队，各司其职

直播带货活动，表面看是以主播为核心，其实背后拼的是团队和供应链，一场直播最少也在2小时以上，有些直播甚至超过8小时，24小时全天候进行。因此，一场正式的直播绝不是仅靠主播一己之力就能完成的，需要组建一个完整的直播团队，合理配置岗位，各司其职，配合完成。

常见的主播团队需要配置的人员主要有：

（1）主播

主播是直播带货活动的核心，相当于超级导购员，其职责主要有：

第一，参与直播间商品的筛选和试用、试吃、试玩，让高性价比的商品进入直播间。

第二，提前了解商品信息，熟知产品知识，并掌握相应的行业知识。

第三，具备一定的控场能力，按既定脚本和流程推动直播进程。

第四，向直播间观众介绍商品、优惠信息和活动情况，向观众说明商品能带给他们的效用，随时回答观众提出的各种问题，答疑解惑，说服观众下单购买。

第五，负责全程与观众互动。

（2）副播（助理主播）

副播，也称助理主播，主要负责辅助主播进行直播。副播的职责主要有：

第一，辅助主播，随时关注直播间的各种情况，对主播遗漏的商品卖点和事项及时进行提醒或补充。当主播起身离开换装、休息时，副播要及时出现在镜头前，临时扮演起主播角色，维持直播间的活跃度，推动直播活动正常进行。

第二，配合主播带动直播间气氛，介绍商品促销活动，引导访客关注。

第三，跟踪商品销售数据，及时提醒主播，并进行必要的画外音互动。

（3）场控

场控，即直播间现场控制的意思，负责辅助主播监控直播间言论，处理突发情况，扮演的是直播间管理员，其主要职责有：

第一，在主播进行直播期间，积极调动直播间气氛，调动观众的积极性，以配合主播的节奏，引导观众参与话题讨论，引导的话题需要是积极的、正向的，有助于商品销售，要随时防止舆情失控，防止直播“翻车”。

第二，实时监控直播间评论，及时发现不和谐的声音和对主播、商品的不良言论及时予以制止，避免不良影响进一步蔓延。

第三，在直播现场，配合主播做好商品上链接、商品改价、库存核对、活动优惠设置、小店后台设置等工作。

第四，进行直播复盘，及时发现直播中存在的问题，并予以改进，优化直播流程，丰富直播内容。

（4）客服

客服，主要负责直播过程中的线上商品咨询、售后服务工作。其主要职责有：

第一，了解商品信息，熟悉客户诉求，掌握一定的沟通技巧和客服知识，能够向客户详细介绍商品的优点和卖点。

第二，及时、高效、热情、耐心地回答消费者提出的各种问题，不可拒答，不可有抵触情绪。

第三，及时准确地备注商品，第一时间反馈给打单发货人员，防止货品错发、漏发。

第四，积极跟进售后问题，对订单发货情况、物流情况进行追踪，并做好统计。

第五，高效妥善处理各种售后问题，包括退换货及客户的投诉等。

第六，开展定期、不定期的客户回访活动，维持良好的客户关系。

（5）运营

负责短视频、直播数据的运营和推广，以及视频拍摄创意的策划。直播运营有两种：

第一，活动运营。即随时关注所在平台的活动信息，如店庆、“双11”、“618”等活动，并结合主播情况策划相应的直播活动。

第二，商品运营。帮助主播找货、选品，负责同生产方进行协调沟通，提炼商品卖点，并提交给主播。

运营人员的统一职责还有：

第一，进行直播活动策划，并提前进行预热，做好宣传文案、视频的制作及投放。

第二，负责直播团队的内部沟通协调，消除各种团队协作中的衔接问题和流程不畅问题。

第三，进行直播复盘，针对已经完成的直播活动，协调相关人员进行复盘研讨，形成详细的复盘数据，进行总结并给出改进的合理化建议。

最后，需要注意的是，不同情况的主播场景，需要配置不同规模的直播团队。通常分为——

第一，小型直播团队。当直播规模较小时，一般需要2个人（主播+场控兼客服）就可以。

第二，中型直播团队。当直播间体量大一点的时候，就需要3人团队（主播+场控兼客服+运营）。

第三，大型直播团队。当直播规模再大一点时，就要5人团队（主播+副播+场控+客服+运营）。

第四，超大型直播团队。对于超长时间、超大规模的直播活动，或明星、头部网红的直播带货活动，其团队可根据实际需求进一步扩大，比如“1主播+2副播+1场控+2客服+1运营”的组合模式。

2. 硬件筹备：选用合适的直播设备

“工欲善其事，必先利其器”，要做好直播带货，一些专业的直播设备必不可少。

（1）室内直播设备

常用的室内直播设备主要有：

①手机。

直播手机通常是个人日常所用手机之外的专用手机，如果是预算不足的新主播，也可使用自月手机进行直播。

如果预算充足，建议选择各大品牌的旗舰机，内存要足够大，一般不低于128GB，避免直播卡顿。手机品牌建议选用苹果、华为等，性能比较稳定，音质、画面相对比较流畅。

当然，严格意义上讲，如果对直播要求不高，任何一台当下主流的智能手机都是可以满足基本直播需求的。

②电脑。

中等配置以上的台式机、笔记本电脑都能够满足直播需求。

如果没有出差或户外直播的需求，建议选择台式机，同等预算的机型，台式机性价比会更高一些。

如果预算充足，建议做如下配置：

· 电脑CPU（中央处理器）建议选择i5系列以上的，最好是i7处理器。

· 台式电脑一定要配置大主板，主板上有空余的PCI（外围器件互联）插槽，可用来插独立声卡。如果配了小主板的主机，就只能用外置声卡。

· 显卡最好选择独立显卡；显示器一般不低于20英寸（1英寸＝2.54厘

米），选用有护眼功能的，避免长时间观看屏幕导致眼睛疲劳，笔记本电脑尽量选择14英寸以上的。

当然，电脑配置越高，费用也就越高。可根据费用预算情况，酌情进行配置。

③手机支架。

手机支架必不可少，推荐选用能升降高度的三脚架，便于携带，能够满足室内、室外直播的需求。普通品牌的手机支架价格也都不高，一般几十元即可搞定。

④监听耳机。

主要用来监听直播间的现场效果，以免出现偏差和不协调的情况，确保出现问题后可以随时发现，及时做出调整。监听耳机，根据品牌不同，价位一般在数十元至数百元不等。

⑤声卡。

声卡可以让主播的声音更动听，有了声卡的帮助，主播在直播间还能够播放背景音乐，并进行一些搞笑的音效互动。采用声卡还能让主播更省力气，因为即使手机离得较远，直播间的音量也不会变小，这都是声卡的功劳。

声卡建议选择大众熟知、普遍选用的主流品牌，尽量不要选择质量没有保证的山寨产品、廉价产品。

⑥麦克风。

麦克风分为动圈麦和电容麦两种，直播一般使用电容麦，当然，不同麦克风的适用场景也不同。

· 动圈麦尽管灵敏度低，拾音范围小，但优势在于不需要电源供电，适合户外直播、现场演唱使用。

· 电容麦相对而言，音质清晰、灵敏度高，分为5V和48V，5V电容麦使用门槛和环境要求比较低，一般的手机声卡和电脑声卡可以直接使用，无须额外供电。48V电容麦需要额外提供电源，同时对使用环境要求较高，需要比较安静的环境，一般在室内直播或者录音棚内使用。

麦克风也建议选择主流的品牌，质量有保障。

⑦灯光设备。

通常，一套完整的直播间灯光设备包括了环境灯、补光灯以及辅助背景灯。

第一，环境灯。主要起照明的作用，用来维持整个直播间的亮度，一般是直播间的顶灯或者LED灯。

第二，补光灯。补光灯则起到美颜的效果，可让主播的皮肤看起来细腻有光泽，一般采用圆圈补光灯，既能补光又能柔光。另外，有些手机支架也带有补光灯，如果要求不高，也可以满足补光需求。

第三，辅助背景灯。主要起辅助作用，让主播脸部和产品所接收到的灯光保持均匀，光线柔和，给观众舒适的视觉感受。通常安装在主播身后的背景上，用上背景灯后，直播间的明暗对比画面会更加立体。

⑧摄像头。

摄像头也是直播间必不可少的，也是将主播呈现在观众面前的美颜助手。建议选择性能稳定、像素高、知名品牌的产品。

⑨线路转换头。

如果使用苹果品牌手机，或是type-c接口的手机进行直播，将声卡连手机的时候还需要一个线路转换头。

⑩手机充电口转化线。

对于一些时长较长的直播活动，还要解决手机的电量问题，建议选用带充电口的转化线——直播一号。

（2）户外直播设备

农产品直播带货，不可避免要前往田间地头、生产基地进行现场直播，因此还需要一些专用的户外直播设备。

①手持式稳定器。

户外直播避免不了走动，如果没有专门的稳定设备，伴随主播的走动，直播画面会出现跳动，拍出来的画面质量不够稳定，就会影响观众的观看体验，影响直播效果。

这种情况就需要一些专业的辅助设备，比如手持稳定器。目前，质量较好的稳定器价位一般在1000～2000元，可结合个人需求进行选购。

②小型降噪麦克风。

可选择拥有智能降噪功能的小型无线手持麦克风，它们便于携带，方便主播移动，同时可以降低户外各种噪声，声音灵敏度较高，即插即用，专为户外直播所打造。

③运动相机。

如果不满于普通手机所抓拍到的直播视角，还可以选用小巧、便携的运动相机，它们的独特优势是拥有广阔视角，还可拍摄慢速/4K视频，让直播画面更丰富、更清晰，能极大提高观众的体验度。

④网络设备。

户外直播需要确保网络信号的通畅与稳定，一般可以携带随身Wi-Fi，来解决直播中的网络问题，如果手机支持双卡，也可配一个大流量卡，这样更加方便。

还有一种更专业的户外直播网络设备——4G背包，这是一种无线多链路带宽聚合设备，比如，以一款中兴通讯推出的“新支点ICG-S2300”4G背包为例，它的体积小，非常便携，能支持三大运营商3张SIM卡同时混插，如果某一运营商信号不好会自动切换到信号更好的网络，因此，可以保证信号的稳定性。通过多网聚合，能为直播现场带来高带宽的网络，保证直播的连贯性和高质量。另外，该产品还可以即插即用、方便携带、可连续工作8小时，续航能力非常强，多为专业直播团队所采用。

⑤移动电源。

长时间户外直播，需要解决电源的问题，建议配置大功率、大容量的移动电源，以保证直播设备的供电。购买时，可根据直播时长来选择电池容量。

3. 脚本设计：内容覆盖直播全流程

脚本，原指表演戏剧、拍摄电影等所依据的底本或书稿的底本。直播脚本，可以理解为直播带货的剧本。

直播带货看别人做起来很简单，可一旦自己上手，就会发现阻碍重重——

· 在镜头面前，逻辑混乱，不知所言。

· 介绍起产品东一句西一句，没有章法，体现不出产品的优点。

· 眼看直播时间即将结束，还有将近一半的商品没有介绍，就手忙脚乱。

· 直播间人员杂乱，配合无序，分工不明。

· 干巴巴地推介产品，直播间气氛尴尬，主播的推销没有技巧可言。

出现以上问题，大多是主播直接上场，而没有提前做脚本设计的缘故。

简而言之，直播脚本就是对有关直播的时间安排、流程安排、人员调度、产品卖点提炼、主播话术、预算控制等方面的综合管理手册。特别是随着直播间节奏越来越快，给每一款产品留的时间都非常短，比如李佳琦在直播间推荐某一款产品的时候，会快速地说出一个或两个产品的核心亮点，并且在短短的两三分钟之内讲透，打动直播间的观众。因为，直播间下单成交的时间非常短，所以，若想要把直播做好，必须要按照既定流程和话术要点去推进，要做到这一点，直播脚本是必不可少的，它是直播得以顺利进行的基本保障。

优秀的直播脚本，一定会充分考虑到直播各个流程的细节，可以让主播在直播时有条不紊，有本可依，而不是让主播随机发挥。直播脚本也不是一成不变的，它需要经过不断的实战演练，经过不断的复盘分析，持续优化调整，让主播在直播间越来越得心应手。

直播脚本设计主要有两种类型:

（1）单品脚本设计

单品脚本，即对直播间每一款待销产品所做的脚本设计，单品脚本通常包括商品的基本特征、出品方、卖点和利益点、优惠折扣方式等。

单品脚本要让主播能够在短时间内简单直接地向直播间观众描述清楚产品的基本情况和卖点，说服观众下单购买。

（2）整场脚本设计

整场脚本，贯穿直播带货活动的全流程，是对直播活动的一个总体规划和安排。其内容主要包括:

第一，开场互动。开播后，主播首先要同直播间的观众打招呼，进行初步互动，需要借助开场互动脚本。

第二，货品介绍。对直播间货品情况进行一个大致的介绍，如产品类型、数量、优惠措施等，吸引观众持续观看直播。

第三，单品介绍。即逐个介绍商品，描述商品的卖点和特色，爆品和特色商品要穿插在各商品之间，重量级的商品介绍往往放在最后。

第四，激励环节。即通过抽奖、送赠品、发红包等福利方式回馈直播间粉丝。

第五，直播预告。在直播即将结束时，给出下场直播的预告信息。

以一场时长为4小时的直播为例，整场脚本流程应涵盖如下内容（见表6-1）:

表6-1 直播流程

时间节点	直播内容
开播第1分钟	迅速进入直播状态，主播同观众打招呼，签到环节
第2～5分钟	主播边互动，边着重介绍本场直播的几个爆款产品，建议观众签到打卡并参与抽奖
第6～10分钟	简要介绍本场直播的新款产品和主推款产品
第11～30分钟	将所有进入直播间的产品简要过一遍，除了爆款产品可以稍作重点推荐外，其他产品不做过多停留。该过程要严格按照脚本走，主播不要看观众的留言，也不要跟着观众的节奏走
开播半小时后	正式逐个介绍产品，每个产品大致进行5分钟的介绍，适当地根据观众反应和需求来进行重点讲解
直播中	根据直播间在线人数和商品的转化销售数据，引导主播进行重点讲解
最后半小时	对最受欢迎的产品进行返场讲解，对热门产品进行清零
最后5分钟	主播透露下场直播的主打产品，助理主播可穿插回答观众提出的问题
最后1分钟	提醒直播间观众关注主播，预告下场直播的详细时间以及粉丝福利等信息

4. 运营筹划：做好直播带货的前期准备工作

除了准备必要的直播设备并做好直播脚本设计外，为确保万无一失，直播团队及相关人员还需要在直播前做好如下准备工作。

（1）准备直播场地

直播场地，是直播活动最基本的设施，必不可少，最好选择一个宽敞明亮、安静无杂音、有浅色背景墙的场所作为直播间，以确保观众看到的镜头是清晰的，且不受杂音干扰。

对于户外直播场地，也应进行相应布置，尽量排除各种干扰因素。

如果是品牌产品或专场产品直播，通常还需要在直播间制作专门的背景墙，以突出主题，强化品牌，让进入直播间的观众对产品信息一目了然。

（2）直播场地布置

直播场地要做好如下布置：

第一，灯光布置。

根据前期准备的相应灯光设施，将之合理布置在直播间各处，以确保直播间的照明、采光，将直播间和主播以最佳状态呈现在观众面前。有条件的直播团队可以请专业灯光师进行灯光布置指导，以达到最佳灯光效果。

第二，机位设置。

机位即直播手机的摆放位置，既要考虑方便主播工作，能够舒适、方便地看到手机屏幕上的留言，以确保及时和观众互动，同时也要考虑观众的观看需求，不要让观众产生距离感，不要太远。另外，也要结合直播间出镜人数来设置机位，建议直播间同时出镜人数不宜超过3人，以2人为最佳，否则会显得拥挤，影响观看效果。

第三，声音测试。

确保直播间有一个安静的环境，对于户外直播场所，还要做噪声测试和相关设备的降噪效果测试，以确保主播的声音不受太大干扰。

另外，还要准备好一些符合直播间调性的音乐，以便在直播过程中穿插播放，用来烘托氛围。

第四，网络测试。

直播过程中最忌出现网络卡顿，这会让观众失去耐心而离开直播间。直播前要做好相应网络设施检查调试工作，确保不出意外。

（3）了解产品信息

直播团队所有成员都应充分了解产品信息，才能在直播过程中充分向观众解释、推荐产品。

第一，掌握带货产品的基本信息。

①熟悉产品的基础信息，比如品牌名、产品系列、生产商等相关的信息。

②根据直播间产品的基本信息，整理提炼直播带货的话术，避免介绍产品时生硬推销。

③熟知货品的作用、功能、性能、特色、归属品类、使用方法及针对人群等。

④总结并提炼货品的优点和卖点，即产品的特性、亮点、区别于同类产品的独特优势等。

⑤熟知货品的各种优惠措施（了解直播货品的日常价、直播间特卖价），并整理直播间价格和日常价格的区别。

第二，进行直播产品的试用与测试。

主播团队要亲自参与直播间产品的测试及试用，一方面可以更直观地了解商品细节信息和性能，同时也可以把好质量关，将真正质量过硬、性价比高的产品推荐给直播间观众。

①对直播选品进行详细测试，包括但不仅限于试用、试吃、试玩，在该过程中要详细记录试用感受，记录产品的功效，总结产品优势。

②在测品过程中，要至少保留一件完整的样品，以便在直播间向观众进行展示及详解，同时也可从侧面证明主播的用心，增强产品的吸引力。

③根据产品实测体验，为产品提炼朗朗上口、简单直接、便于记忆的关键词、关键句，以便在展示相应产品时，不断重复关键词，加深观众对产品的印象，为成交打基础。

（4）进行直播效果测试

在正式直播前，团队相关人员可提前进行如下测试，以确保开播效果。

第一，做好光线测试。如果在室内直播，应打开所有直播照明灯，测试灯光效果以及外部环境光线对直播间的影响；如果是在室外直播，还应确保直播光线的柔和度，避免太亮和太暗的光照环境。

第二，对焦和曝光测试。对手机、相机等直播设备进行对焦和曝光调试，确保直播画面清晰、舒适。

第三，横屏和公告测试。测试手机横屏直播观看效果，准备好直播公告，以便在直播开启时第一时间予以发布。

第四，美颜设置。可根据主播个人特征和直播活动的定位进行美颜设置，可测试当下常用的美颜软件，选择最适合主播（团队）的一款。

5. 宣传预热：吸引更多人关注

当今世界是一个信息碎片化的时代，每时每刻都有海量信息被制造、被传播。直播带货，仅靠自然流量是远远不够的，不仅仅是普通主播，即便是薇娅、罗永浩等一些头部主播，也都会提前发布直播预告，为直播活动进行预热。

只有通过多样化的直播宣传预热措施加大宣传力度，才能吸引更多人进入直播间，达到直播带货的预期目的。

直播预热的主要方式有：

（1）文案预热

文案预热，即将直播活动的宣传文案，通过朋友圈、微博、视频号、公众号等渠道进行发布。一篇好的直播宣传文案应包含以下要素：

第一，主播信息。即主播简介，要突出主播的优势，比如明星主播、网红主播、官员主播等。普通主播则要重点展示其个人特色和专业所在。

第二，商品信息。即进入直播间的商品的简介和概况。

第三，直击痛点。文案要根据目标受众的需求点和痛点来写，从而刺激其购买。

第四，凸显优惠。突出商品的优惠力度，对于优惠方案，可以留下悬念，吸引更多人进入直播间。比如，“正宗烟台红富士，价格低至1.××元”“藏红花，直播间专享价×9元/克”等。

（2）短视频预热

短视频预热是最直观、最有效的一种直播预告方式，可在短视频中插入直播时间和直播内容，让粉丝了解开播时间，如同文案预热一样，也可以在短视频中设置悬念，可以是价格悬念，也可以是商品悬念，还可以是主播悬念，激发粉丝的好奇心。

预热短视频的类型有：

第一，纯预告视频。

预告短视频要涵盖直播带货活动的基本信息，包括主播信息、产品信息、优惠信息和粉丝福利等。

第二，短视频植入预告。

可在主播的短视频账号发布的日常短视频中，植入相应的直播带货信息，内容要简短、直接，包含诱饵和悬念，要有一定的吸引力。

植入性预告最好设置在视频最后，定格直播预告海报，直观地告诉粉丝开播时间和主要内容。

第三，直播片段视频。

可以专门拍摄一些类似影视剧花絮的片段视频，将即将呈现在直播间的产品、主播、嘉宾以及其他有趣、好玩的信息制作成直播预告片段，为正式直播活动造势引流。

（3）设计直播封面

直播封面图片是吸引更多人进入直播间的重要因素，要设计抓人眼球的直播封面图片和标题，内容要突出主题、突出福利，同时要避免低俗、恶俗。

（4）站外预热

除了直播平台之外，主播团队还可以充分利用一些第三方平台进行直播预告信息的发布，比如微博、微信朋友圈、微信公众号、小红书、今日头条、西瓜视频等，主播团队成员名下的所有第三方账号都可以充分利用起来，尽可能扩大受众范围。

（5）同城定位

开启同城定位功能，可以吸引更多同城人进入直播间。

（6）定期直播

定期直播，一方面可以提升直播账号的权重，另一方面可以通过不断的定期直播来加深观众印象，使得他们在固定的直播时间就主动前来观看。

（7）付费宣传

除了通过以上免费的预热方式往直播间导流外，有条件的主播还可以尝试付费推广，高效地为直播间吸引更多的精准流量。另外，还可以根据直播平台的具体情况，购买直播推广来为直播间预热引流。

第七章

带货实战：直播带货全流程

【本章关键问题】

· 如何开场，才能快速调动直播间气氛？

· 主播在直播时如何避免冷场？

· 如何掌控直播节奏？

· 如何介绍商品才能提高直播间带货成交率？

· 直播间常见的雷区有哪些？如何规避？

1. 主播开场，合理调动气氛

好的开场，是成功的一半。

在直播中，主播能否通过巧妙开场给观众留下良好的第一印象，至关重要。

一个好的开场，不仅可以瞬间调动直播间气氛，而且可以完美展示主播的风采，第一时间赢得观众的好感和认可。相反，如果开局不利，缺乏一个足够有吸引力和亮点的开场白，很可能会让观众瞬间失去观看下去的欲望，纷纷退出直播间，让直播氛围降低至冰点，甚至会导致一场经过精心策划和准备的直播带货活动前功尽弃。

由于主播风格各不相同，开场模式也是不拘一格，有的主播妙语连珠，有的主播连唱带跳，有的主播撒娇卖萌，有的主播善于逗笑，不管什么开场方式和开场风格，只要能够调动直播间气氛，得到观众认可，就是最好的开场。

帮助主播顺利开场，合理调动直播间气氛的技巧主要有：

（1）自我介绍和带货商品介绍

直播活动开启后，主播要用极简语言，简明扼要地做一下自我介绍和带货商品介绍，介绍要包含以下四方面的信息：

第一，我是谁？

第二，我的特色是什么？

第三，直播间带货的商品有哪些？

第四，直播间有什么优惠、福利，观众能得到什么好处？

开场白一般不超过1分钟，比如——

“欢迎进来的宝宝们，这是×××的直播间，今天我们所有的货都是×××的优质土特产，都是产地一手价，没有中间商，品质有保障，数量有限，需要的宝宝们抓紧下单！”

由于直播间不断有新的观众进来，因此，主播应酌情不定期地将上述信息反复口播，当然越简短越好，让新来的观众明白他们能得到什么好处即可。

（2）引导观众关注

主播在自我介绍的同时，还要积极引导观众关注主播，因为关注量也是衡量主播价值的一个重要指标，会直接影响平台对直播间的推荐系数。话术类似“新进来的宝宝点一下关注了，关注主播不迷路”。

（3）引导观众参与互动，调动直播间气氛

开场的一个核心目的是要充分调动直播间气氛，主播需要尽量让观众参与互动，即使只是刷个弹幕，都是对主播的一种支持，也是对活跃直播间的一份贡献。

因此，主播在开场时，除了自我介绍和引导关注，还要借助各种技巧鼓励观众参与直播间互动，比如——

“刚进直播间的是美女，还是帅哥呢？刷刷弹幕让我看到你哦。”

“新进来的观众点点赞，每1万赞有抽奖活动哦。”

“点完赞的宝宝们别忘了转发一下我的直播间，转发的宝宝截图联系小助理，我们会抽取一些幸运观众，送上一份精美礼品。”

“直播间的商品都在屏幕下方的购物车里，宝宝们可进去查看一下，看有没有自己需要的产品。”

（4）预留惊喜

进入直播间的观众大多都是匆匆路过的看客，退出率非常高，一旦主播满足不了他们的期待，引不起他们的兴趣，这些人就会退出直播间。

因此，主播要适当地预留一些惊喜，比如告诉进入直播间的观众，后面还有爆款产品，还有更大的促销折扣，还有诸多福利、抽奖活动，给大家一个期待，越往后看，越有惊喜，越有福利。这样直播间才能留住更多人。

（5）开场话术模板

下面分享一些主播们使用率高的直播开场话术，供大家参考。

"欢迎宝宝来到××的直播间，喜欢主播的点个关注哦!"

"欢迎宝宝们来到我的直播间，点关注、不迷路，一言不合刷礼物，么么哒!"

"欢迎宝宝们来到我的直播间，我是直播新人，希望宝宝们能多多支持，多多捧场哦。"

"欢迎各位帅哥、美女进入我的直播间，刚进来的是美女，还是帅哥呢？刷刷弹幕让我看到你哦！"

"欢迎来到×××直播间，喜欢主播的可以点赞+关注哦，爱你们!"

"宝宝们抓紧时间邀请朋友进入直播间了，满200个粉丝的时候，我们来一波福利好不好？"

"来来来，啥也不说了，直接上好货了！产品好不好，看了才知道！"

"今天，我要给大家分享一些具有超高性价比的产品，来来，拿上来！"

2. 避免冷场的直播间聊天技巧

直播间最忌冷场，新人主播更要注意避免冷场，一般直播平台对新人主播都不够友好，流量上有限制，新人主播的观众量往往也比较少，这会导致直播间缺乏人气，让新进来的观众难以产生看下去的欲望。

因此，主播的聊天技巧和互动手段就显得尤其重要，要通过各种方式去活跃直播间气氛，避免冷场，退一步讲，即使是尬聊也要比冷场好。

（1）表现落落大方

主播在直播间要彻底释放自己，表现自然一些，给人一种游刃有余、落落大方的感觉，切忌扭扭捏捏。拘谨怯场的主播，不能营造良好的直播间氛围，观众看起来也不舒服。

（2）主动互动

当直播间人数较少时，主播要积极同进入直播间的每一个观众进行互动。一方面，可以赢得观众的好感，使其感觉到被尊重，从而对主播产生良好的第一印象；另一方面，每一次互动的过程，也是一次新的话题开启的过程，可以让直播更加连贯，避免冷场。

（3）动作和表情要丰富

新手主播由于经验不足，在直播时通常会出现表情呆滞、动作僵硬，要知道表情和动作也会传染，会直接影响直播间气氛，也会影响观众的心情和观看欲望，试想一下，一个如泥塑、木雕般的主播，一个动作生硬死板的主播，你会有欲望看下去吗？

所以，主播要尽可能做到表情丰富、动作灵活，主播在调动直播间气氛时，笑容很重要，如果什么都不会，可以用多笑来缓解尴尬。

另外，平时可以练习一些直播间常用的小动作，比如女主播，可以比剪刀手来卖萌，用手比爱心来营造温馨氛围，吐舌头来展示主播的调皮等。不要小看这些小动作，它会让直播间观众受到直接的感官刺激，让直播氛围不再单调乏味，也更容易让观众对主播产生好感，进而对其直播货品产生信任感。

（4）有意识地让自己多说话

直播的基调就是说话，因此，在主播的观念里，要养成这样一个习惯，就是强制自己在直播间多说话，甚至设定好说话的频率和语速，每隔多少秒要说几句话，直到形成一种肌肉记忆。否则，哪怕有几秒的间隙，也会给人留下冷场的印象。

多说话的同时，不要过于担心言多必失，直播间的环境毕竟不同于日常生活场景，有些话题说过也就过去了，没有观众会过于较真。如果在直播时存在各种顾虑，比如认为有些话题会不会太敏感，有些话题会不会太无聊，而不适合在直播间说，那显然不是一个称职的主播。

总之，在直播间只要不是违规、触碰红线的话题，只要不是得罪观众的话题，大都可以大胆拿来讲。

（5）适当自言自语

自言自语，是成熟主播所必备的一项直播间聊天技能，如果直播间人数比较少，或者氛围比较冷清，主播可自言自语，目的是避免冷场，话题可以是自己的近况、当下热点、带货的产品、自己擅长的领域。

（6）时刻不忘讲解产品

直播带货时，主播时刻不能忘记自己的核心目的——销售产品，也不能脱离该主题。而多聊一些有关产品的话题，也可以丰富主播的直播内容，避免冷场，同时也能提高成交率。

对于主播来说，应当如何讲解产品呢？

第一，围绕产品文化内涵或产品特色来讲。每种特色农产品都有其独特的产品特征和文化内涵，多讲一些这方面的内容，既能体现农产品的地域文化特征，也能加强观众对相应区域农产品品牌的认知，增强产品的吸引力。

第二，围绕产品的质量来讲。近年来大家对农产品质量的关注度越来越高，很多人开始关心产品的质量是否安全可靠，他们更愿意为质量过关、无公害的农产品买单。直播的时候可以依照农产品的生产标准，做足功课，在直播间内展开详细的介绍。

第三，围绕产品的优势和功效来讲。很多主播大部分的时间都会放在介绍产品的优势和功效上，这些也是吸引观众下单的关键要素。

（7）做好团队配合

直播团队成员之间要紧密协调配合，尤其是副播、助理主播要随时关注主播状态，在其出现停顿或有冷场迹象时，及时补漏，适时顶上去，带好节奏，进行必要的气氛烘托，做一些恰到好处的讲解，避免出现冷场和纰漏。

（8）平时勤学苦练

主播聊天功力的形成非一朝一夕之功，一名优秀的主播离不开平时的严以律己和勤学苦练，建议主播平时要多做如下练习：

第一，定期进行学习。多看一些专业书籍、行业书籍，增加自己的知识储备，提升内在气质。

第二，学习优秀主播的直播技巧。平时要多进入同行业优秀主播的直播间，学习别人的优点和长处，加以借鉴提升。

第三，每天练习说话。可以对着镜子进行练习，注意控制自己的语速，掌握好面部表情的变化，同时要练习自己的嘴型和肢体语言。

第四，练习发声。主播如果声音比较独特，往往能给观众留下深刻的印象，平时要多练习发声，形成并强化自己的特色，不管是甜美动听，还是浑厚有力，只要有特色，就能给人留下不一样的印象。

第五，多做直播复盘。可以将自己的直播过程录制、保存下来，闲暇时间仔细观看，对自己的话语、表情、动作等进行分析，逐步改善、精进。

3. 掌握好节奏，张弛有度

一场直播带货活动，动辄2小时，在这个过程中，主播和团队成员要掌握好直播的节奏，做到张弛有度，按既定流程顺利推进直播进度。

我们看到一些直播带货高手，无论是对直播节奏把握还是在氛围营造上，都非常精巧，直播气氛在主播及相关人员的调动下，高潮迭起，节奏有舒缓，有紧张，营造出非常强的沉浸感。

（1）熟悉脚本，进行直播彩排

一些经验不足的主播，在直播中往往出现以下节奏问题：

· 主播被观众带着走，没有自己的节奏，慌忙中乱了阵脚。

· 主播讲解商品不专业，枯燥、乏味，反反复复就是几句话，比如“性价比高”“抓紧下单了”“拼手速了”。

· 直播过程没有重点，就像流水账一样，平淡无奇。

· 被直播过程中的突发状况扰乱了节奏，影响了直播进度。

以上问题的出现，固然同主播经验不足存在关联，更重要的恐怕是主播没有提前准备直播脚本，或者是没有熟悉脚本内容、没有严格按脚本流程推进直播，从而导致直播失去节奏。

在直播前，主播务必要熟记脚本内容，新手主播更要反复打磨脚本，做好直播前的彩排工作，才不至于临阵时乱了手脚。

（2）掌握好直播节奏和进度

直播节奏是否紧凑，是否高潮迭起，不仅会影响观众的观看体验，也会影响商品的推销效果。通常，一场直播活动总共有多少件商品、每件商品的出场次序以及预留介绍时间，都要提前有一个精确的规划，主播要事先熟悉，这样才能更好地在直播过程中进行节奏管控。

（3）做好直播场控工作

直播团队中一般都配置有场控人员，其作用主要是协助主播活跃直播间气氛，引导观众互动，处理各种突发状况，同时做好直播间的秩序维持工作。在这个过程中，场控人员要尽可能弱化自己的存在而去突出主播、观众。

对于没有场控人员的直播，主播则要担负起场控人员的相关职能。场控工作主要包括：

第一，流程辅助。

场控人员一定要提前熟悉直播脚本，熟悉直播流程，熟悉产品。例如，对于直播流程，要知悉商品的上场顺序，什么时间用来进行商品介绍，什么时间用来分享干货，什么时间用来抽奖，什么时间与观众互动。场控人员要结合直播的进度，随时关注直播流程，并提示主播不要偏离大方向。

第二，调节气氛。

即配合主播，想方设法带动节奏，调动观众的积极性，避免冷场，最终目的是引导观众购买。场控人员要在主播的基础之上，将直播间氛围渲染至更高一个台阶。

第三，秩序维持。

原则上，主播在直播间可以畅所欲言，但对于一些不和谐的声音比如辱骂观众、观众互掐、恶意带节奏、诋毁商品等，以及广告信息等影响直播间氛围的情况，要予以制止。

第四，突出主播、观众。

场控人员在直播间要处于一种隐身或半隐身状态，发挥自己的控场作用，不要喧宾夺主，盖过主播和观众的风头。切忌盲目站队，盲目跟风，一定要突出主播和观众，不抢话题，及时提醒主播与观众互动。

第五，数据反馈。

场控人员要及时将直播间数据反馈给主播，要实时关注直播间观众反馈和直播产品的销售数据反馈，比如某款产品卖得很好，可以提醒主播适当增加时间，否则就要介绍下一款产品，避免观众因不感兴趣而退出直播间。

4. 积极倾听观众心声，不敷衍

主播在进行直播带货时，表面看是主播一人在单方面讲解，既看不到观众，也听不见观众的声音。但实际上，直播也是一种双向沟通，主播并不是单向地向观众灌输自己的思想和理念，同时也要注意倾听来自直播间观众的声音，随时与他们互动，读懂他们的心声，并做出及时的反馈。

（1）学会聆听观众的声音

一些不善双向沟通的主播，在直播间往往只顾自说自话，忙着推销商品，而根本顾不上看手机屏幕上的观众留言，也不管观众的真实感受和实际问题，只是主播一个人在夸夸其谈，直播间就相当于一个舞台，如果没有互动和交流，谁还看得下去呢？如果主播没有对观众关于商品的疑问及时进行解答，又哪来的成交？

所以，主播在讲解的过程中，也要时刻留意手机屏幕上的观众留言。事实上，观众的每一句话都是在向主播传递一个信息，传递他们所关心的问题，而这种问题可能非常具有代表性，代表的是一个群体的心声，比如关于商品价格、质量、物流、售后服务的问题，一定要及时发现并予以答疑解惑，打消观众的顾虑。

（2）不敷衍观众

主播仅仅做到倾听还不够，还要及时解答观众提出的各种疑问，对观众的问题不要视而不见，也不要敷衍对待。

比如：

观众留言：这款商品只能优惠这么多吗？

主播：嗯。

观众留言：现在下单的话，今天能发货吗？

主播：不能。

观众留言：主播的上衣很好看，请问有商品链接吗？

主播：没有。

这种聊天节奏，就是典型的敷衍了事，主播不耐心回答观众的问题，观众就会“用脚投票”，一走了之。

在与观众进行互动时，一定不能敷衍，尽量减少使用“嗯”“对”“好”“哦”“嗯哼”等简单、无意义的词汇，而应用具体的话语来代替，让观众感觉到主播的真心和诚意。

（3）冷静对待观众的问题

直播过程中，难免会遇到一些棘手、刁钻的问题，特别是有关商品价格和质量的，主播处理不好，就很可能会直接影响直播带货的效果，面对这类问题时，主播要做到：

第一，学会随机应变，具备临场应变能力。直播带货对主播的应变能力要求非常高，因为观众的各种问题会接踵而至，对于一些专业性强、刁钻的问题，要迅速给出令观众满意的答案，这一方面考验的是主播的知识储备，另一方面考验的便是临场应变能力。关键时刻，副播或助理主播也要发挥自身作用，主动替主播解围，为观众解答。

第二，保持冷静。遇到一些棘手的问题时，主播不可自乱阵脚，务必要保持冷静，迅速做出分析和判断，果断决策，并采取有力措施，全力稳定事态，随机应变。最关键的是，不管遇到什么情况，遇到什么棘手的问题，都要保持冷静，只有这样才能迅速地去应对。

第三，不回避问题。对一些观众提出的客观存在的问题，不要回避，如果确实是直播方的责任，要给观众一个合理的解释和满意的答复。比如，有一次在薇娅直播间，有观众提出某款商品价格明显高于上一场直播时的价格，薇娅看到后，及时让助理进行确认，结果发现果然如观众所言。薇娅没有回避问题，而是当即承诺，对于下单的观众，直播方过后会补差价。

（4）直播间双向沟通的忌讳

沟通是一门艺术，在直播间倾听观众的意见并进行双向沟通时，主播一定要注意管好自己的口，用好自己的嘴，要知道什么话应该说，什么话不应该讲。尤其是以下几点忌讳，应特别注意：

第一，不要争辩。要时刻牢记，自己是来推销产品的，不是来参加辩论会的，同观众辩论解决不了任何问题，即使辩赢了观众，也只会让他们反感，而失去了成交机会。

第二，忌质问。质问的口气是不礼貌的表现，在观众看来是对他们的不尊重。

第三，忌命令。你不是观众的领导和上级，对他们指手画脚，只会激怒他们。

第四，忌炫耀。介绍自己，适可而止，不可过于自吹自擂。

第五，忌直白。尤其是在和观众有不同观点和见解以及发现对方有不妥的地方时，千万不要直截了当地表明自己的观点，更不要直接攻击对方，以免伤到对方。

第六，忌批评。批评和指责，同样不应该是主播该有的行为，这无助于问题的解决，只会激发矛盾。

第七，忌冷淡。冷淡必然会带来冷场，最后导致观众流失。

第八，忌生硬。生硬的语气，任谁都难以接受，更不用说是你的准客户了。

5. 商品推荐的基本技巧

对于直播带货主播，开播时的一个重要任务就是讲解商品，如何推荐商品，才能够提高成交率，同时又能避免尬聊和冷场呢？

（1）地域特色+品牌属性

进入直播间的农产品，一般是充满地域特色的农特产品，很多又都属于区域公用品牌农产品，比如五常大米、烟台苹果、迁西板栗等。它们本身不仅具备了区域特产的标签，而且还有区域公用品牌农产品的品牌背书，将这些信息传播给直播间的观众，将更容易占领他们的心智。

我国区域公用品牌和地域特色农产品数量庞大，有些是为大众所熟知的，有些则知名度很低。对知名度较低的农特产品，就可以充分发挥主播的话术优势，给直播间的观众分享一下农产品背后的区域品牌故事，将这些产品的特色、亮点以及相对竞品的优势，分享给观众，其效果要比一味地夸产品要好得多。

即使对于广为人知的区域公用品牌农产品，很多观众也往往是知其然但不知其所以然，对产品细节和品牌优势的了解亦是非常有限，这就需要主播对其进行深入的挖掘和详细的讲解。例如，很多人都知道迁西板栗质量好，但是质量好在何处？同迁西这个地方又有什么关联？恐怕很多观众并不知道，这就需要主播去讲解。

通过对农产品地域特色和品牌属性的渲染，就能不断加深观众的良好印象，增强其消费信心，使其觉得该产品质量过关，购买也有保障。

（2）产品属性

产品属性即围绕产品进行讲解，可从产品的外观、口感、营养成分、价位、包装设计、食用方法、食用效果、食用人群等多维度介绍产品，越专业越有说服力。

2017年9月9日至10日，“丰收大湖北”系列专题网络直播走进宣恩县椒园镇黄坪村黄金梨专业合作社，主播“远洋君”选择的黄金梨是当地历史悠久的特色农产品，鲜嫩多汁，脆甜可口，有“天然矿泉水”之称，在直播间，主播一边吃梨一边介绍道：“大家请看，这就是黄金梨，色泽金黄，口感好，水分足，真是美味极了。”

手机屏幕上，观众不断刷屏：“看着就好吃”“真想马上来宣恩”。

优美的自然环境、富有特色的农产品，再加上主播生动有趣的产品讲解，一时间让来自椒园镇黄坪村的黄金梨成了广为人知的网红产品。

（3）侧面举证

主播单方面宣讲产品，有时效果未必好，可以适当借助一些侧面的举证措施，比如：

第一，产品区域公用品牌证明。可证明农产品质量可靠、有知名度。

第二，销量证明。可做一下往期该产品销售数据的截图，让观众直观感受到产品受欢迎的程度。

第三，好评率。数据可见于相关平台的线上店铺，好评越多，观众顾虑越小，下单概率越高。

第四，机构评奖。所带货农产品如果有获奖记录，可将相应信息传达给直播间的观众。

第五，专业人士背书。比如专家的肯定、网红的推荐、县长的带货等。

（4）产品价值塑造

消费者很多时候不是想买便宜货，而是想要占便宜。“如何让直播间的消费者感觉到占了便宜”是主播应该思考的问题，关键是要塑造出产品的独特价值，产品价值被塑造得越高，消费者购买的冲动就会越大。

产品价值塑造主要有两个方面：

第一，价值大于价格。即要让消费者意识到，他们只有在本直播间才能以远低于产品本身价值的价格购买到产品，使其感觉到占了便宜，才能大大提升销售成功的概率。具体可通过各种优惠措施、限时限量秒杀等促销手段来进行。

第二，体验价值高于竞品。当价格不具备优势时，就要渲染消费者购买产品后所能得到的独特体验，这种体验是竞品所不能提供的。换句话说，要让消费者意识到他们花同样的钱，却能带来与众不同的独特消费体验，同样可以使其感觉到占了便宜，从而下单购买。

6. 规避直播的几大雷区

直播间不是法外之地，主播不能随心所欲地畅所欲言，其言行都要在一定规范和约束之内进行，要注意规避直播的几大雷区。

（1）唱歌侵权雷区

很多主播喜欢在直播间唱歌，会收到粉丝打赏。如果在直播带货时唱歌，则有助于促进商品的销售。但从著作权的角度看，这属于主播通过表演他人音乐作品来获利的情况，如果未经歌曲的创作人许可而擅自进行表演，则涉嫌侵犯权利人的著作权，权利人是有权对主播索取赔偿的。

因此，主播在直播带货时，要注意规避这一雷区，避免使用别人的作品，免得被追偿和起诉。

（2）肖像权侵权雷区

《中华人民共和国民法典》规定，肖像权属于自然人的基本民事权利，因此，以公民的肖像权作为盈利工具必须要征得当事人的同意。主播进行直播带货属于明显的盈利活动，因此在直播时应注意避免出现直播团队成员之外的人员，尤其是在户外生产基地进行直播时，更应注意保护第三方当事人的肖像权和隐私权。如果不得不出现，则要同本人进行沟通，经对方同意后才可以播出。

（3）着装言行雷区

主播应规避以下衣着、动作上的雷区：

第一，女主播在直播时要避免穿深V、透视、肤色系或超短裙等服装。

第二，直播镜头不允许聚焦于隐私部位。

第三，男女主播都要避免身体的文身部位暴露在镜头面前，如果确实有文身，可以使用肤色手套等进行遮盖。

第四，主播要避免做出暗示性的模仿动作，比如抽烟、喝酒等动作。

（4）夸大宣传的雷区

主播推介商品时要避免夸大其词，要避免说出一些极限词、万能词等。《中华人民共和国广告法》明确规定了广告不得使用“国家级”“最高级”“最佳”等用语，因此在直播带货过程中要避免使用诸如“秒杀全网”“全网底价”“销量第一”“排名第一”等绝对化字眼，比如在农产品直播中，在产品介绍部分不能使用绝对化的形容词或对效用、性能进行虚假夸大的词汇，因为这些词汇容易误导消费者，可能涉嫌违法。

对于产品介绍要做到实事求是，规范用语，避免夸大或虚假宣传，招致舆论和麻烦。

（5）虚假宣传的雷区

根据《中华人民共和国广告法》的相关规定，主播不得对其未使用过的商品进行直播销售，如果主播在明知或应知推销产品存在质量问题、涉嫌虚假广告等情形下，仍然进行直播销售的，则构成虚假宣传，需要承担相应的法律责任。特别是对于关系消费者生命健康的虚假广告相关产品，对消费者造成损害的，广告代言人等需要与广告主（商品提供方）承担连带责任。

（6）商品质量雷区

主播带货要确保商品没有质量问题和价格欺诈问题，更要避免假冒伪劣商品进入直播间。根据《中华人民共和国消费者权益保护法》和《中华人民共和国食品安全法》的规定，若主播推荐、销售的商品存在欺诈行为的，应向消费者承担3倍赔偿责任，若涉及的产品违反食品安全标准的，则需要向消费者承担10倍赔偿责任。

第八章

成交转化：提升直播带货的转化率

【本章关键问题】

· 如何打消观众顾虑，使其放心下单？

· 消除观众下单犹豫的方法有哪些？

· 如何直击消费者痛点进行销售？

· 如何提高直播间下单率？

· 农产品卖点如何提炼？

1. 打消顾虑：让观众放心消费

直播间观众对于主播推荐的产品，在下单前往往存在各种各样的顾虑，不能放心购买，比如担心产品价格太高，担心产品质量问题，担心售后服务，担心上当受骗被忽悠等。

这些顾虑会伴随着消费者每一次购买过程的始终，消除消费者顾虑，是主播必须要做的一门基础功课。

（1）打消价格顾虑

一些优质农产品价格要高于普通产品，即使拿到直播间来销售，其价格相对于竞品也通常不具备优势，此时，面对消费者对价格方面的疑虑，可从以下几个方面去说服。

第一，先谈价值，后谈价格。

先谈价值，后谈价格，这是处理价格问题的一个基本原则。先谈产品的价值，让观众对产品的价值有了充分的认识之后，再谈其价格。比如，直播间销售的农产品价格之所以高，是因为选择的都是区域公用品牌农产品，有其不可替代的独特地域优势，品质好。

同一商品价值和价格一般情况下是互相吻合的，处理价格难题时，主播除了遵从“先谈价值，后谈价格”的原则以外，还应该遵从“多谈价值，少谈价格”的原则，即在讲解中多谈产品价值方面的内容，尽量少谈价格问题。

第二，多强调性价比。

当观众提出价格太高时，主播应接过对方的问题，多向对方介绍产品的优点、功能、实用、效用、优势等，在此时必须强调“一分钱，一分货”，强调性价比，通过对产品的详细分析，使观众认识到他花这么多钱是值得的。

（2）打消质量顾虑

消费者就是一个矛盾体，当产品价格高时，他们担心买贵了，当产品价格低时，他们又会担心质量问题。对此，同样可以从两个角度去消除他们的顾虑。

第一，说明为何低价。

直播间产品价格之所以低，是因为：首先采取的是产地直供模式，没有中间商，从价格上让利于消费者；其次，主播团队销售带货能力非常强，销量有保证，从而获得了量大从优的区别对待，拿到了全网极具竞争力的进货价格。

第二，打消质量顾虑。

先举个例子，消费者选择瓶装饮用水时，最大的顾虑是什么，是产品质量问题，担心水质不好、不卫生、净化得不够干净。如何消除消费者的这一顾虑呢？每家企业都宣扬自己的产品更纯净，而乐百氏纯净水则强调自己的产品经过了27层净化，这使得产品质量有了一个更直观的支撑点，给消费者强烈震撼和深刻印象，因此从众多产品中脱颖而出。27层净化是其他厂家做不到的工艺吗？并不是！只是乐百氏独具匠心的营销人员首先发现了这一差异化优势。

同样，主播在自证农产品质量时，也要找出该农产品的差异化优势，比如突出农产品的绿色、无公害特征，不使用农药，无任何农药残留，不施化肥，只施加有机肥，确保是绿色有机农产品，让大家可以放心购买。

（3）打消被骗顾虑

担心被骗是人之常情，主播可从以下要点消除消费者的这一顾虑。

第一，主播团队亲自试吃、试用、试玩。

对于推销的产品，主播要在直播间试吃、试用、试玩，这样观众看到主播亲自试吃、试用、试玩，就不会再担心上当受骗了。例如，在直播间宣讲一款产品的时候，网红主播薇娅经常会讲“这又是一个我们工作人员都想抢的热门商品”；而在推广一款水果玉米的时候，她打开箱子发现其中一个玉米已经被工作人员掰了一半吃掉了，就立即将该信息传达给观众。很多主播就是采用这样的试吃、试用方式来让观众信服，从而引发从众消费心理。

第二，分享主播或店铺信誉。

通过分享主播的既往销售成绩、口碑来打消消费者的顾虑，也可以分享直播带货的后台网店信誉度，让消费者放心消费，如果店铺已经积累了大量的好评且信用等级较高，这个问题也就迎刃而解了。但对于新开张的店铺，信用度偏低时，则需要耐心细致地从其他方面与消费者进行沟通。

（4）打消售后顾虑

消费者之所以迟迟不愿意下单，是因为担心收到产品后会有偏差、不满意，出现售后服务难题。对此，直播方应给出相应的售后三包承诺，即包邮、包退、包换。但同时也要结合产品特性谨慎承诺，农产品尤其是保质时间短、运输难度大的生鲜农产品，要充分考虑退换货的成本和实操问题。一方面要考虑消费者的利益，同时也要考虑成本和自身承受能力，找到一个能够兼顾双方利益的平衡点。

2. 消除犹豫：让观众第一时间付款

直播带货不同于线下销售，直播为每一款产品预留的时间都非常短，留给观众考虑的时间也非常有限，想要获得良好的销售业绩，主播必须要尽可能在短时间内消除观众的犹豫不决，让其第一时间下单付款。

（1）做好带货人设

主播人设做得好，观众下起单来就会少一些犹豫。就农产品带货而言，以下几种人设是最容易消除观众犹豫的。

第一，农村达人人设。主播如果既是农产品的生产者，也是农村达人，那么由生产者亲自直播带货，观众的好感和信任度会直线提升。

第二，农产品专家人设。主播如果对所带货的产品了如指掌，对相关行业了如指掌，那么，其所推荐的产品也会被观众所认可。

第三，“三农”返乡创业者人设。主播可以是回村创业的大学生，他们是集科学种养殖技术、专业知识为一体的新农人，更容易赢得观众的信赖与好感。

第四，基层干部人设。农村干部、县乡官员主播，不仅是当地的特色农产品的上佳代言人，同时也是权威的象征，能够在很大程度上消除直播间观众的犹豫。

（2）限时限量秒杀

心理学上有一个名词叫“损失规避”，研究表明，对于同样数量的东西，人们在失去它时所遭受的痛苦要远远大于得到时拥有的欢乐。换句话说，人们对失去的反应要比得到的反应敏感得多。相对于得到，人们更不能容忍失去，因此，就会有意无意地去避免失去。这种心理，就是“损失规避心理”。

我们在日常消费中，不论是在线下消费，还是在线上直播间购物，都会遇到各种各样的促销打折活动，其中又以限时限量秒杀最为常见，其营销效果也最为有效。

事实证明，限时限量促销之所以屡试不爽，是因为商家抓住了消费者的损失规避心理，通过限时、限量、秒杀等促销手段，让消费者产生一种“过了这个村就没这个店”“再不抓紧下单，就会被别人抢光”的心理，最后要是得不到优惠，同高性价比的商品就会失之交臂，这是他们心理上所不能容忍的。因此，面对限时限量的促销，他们会瞬间摆脱犹豫不决的状态，转而下单购买，生怕抢不到。

主播要善于通过限时限量秒杀活动来制造商品的稀缺性，越是稀缺的商品，人们往往越是争相购买。要让直播间观众明白，如果不抓紧时间下单购买，特价促销的产品很快就会断货、下架，他们就会错过，遭受损失。

（3）利用催单话术

抛出限时限量抢购活动后，主播还应充分发挥话术优势，不断强调产品的性价比优势，不断强调所剩数量不多，刺激观众，发出购买行动指令，来激发他们的下单欲望。类似的催单话术主要有：

“需要的朋友们抓紧时间下单了，现在不下单，以后就再也买不到这么便宜的货了，这款产品就销售这一场，现在不买就只能等明年了！”

“这一款产品真的数量有限了，只剩最后××件了，都是产地直发，卖完就下架！”

“不用再想了，需要的直接拍，现在是拼手速的时刻，手慢真的抢不到了！”

“今天的秒杀数量非常有限，仅限500箱，往后价格只会越来越高！”

“这个价格，这种质量，只有在这个直播间才可以享受到，因为产量有限！”

“数量有限，如果你看中了一定更要及时下单哦，马上就要卖完了！”

“直播间的朋友们，先付款先得，请下单的朋友尽快付款，最后两分钟！最后两分钟了！”

“我们最后倒数10个数，不管是否抢到，倒计时结束，商品即下架，进行下一款，不再返场，记住朋友们，此款产品不再返场，就过这一遍，‘10、9、8……’”

3. 感官刺激：激发观众的下单欲望

短视频之所以越来越火，是因为它更直观地满足了用户的感官体验需求。在传统的图文新媒体（微博、微信）时代，新媒体的内容大多只能以图文的形式呈现出来，远没有视频来得直观。

直播带货相对于短视频又更进一步，它不仅具备短视频的所有特征，而且是实时的、可以互动的、更真实的一种消费体验，能够全方位满足用户的感官体验需求。

因此，主播在带货时要懂得充分利用各种视觉、听觉等感官上的刺激，来激发观众的消费欲望。

（1）全方位感官刺激

主播在直播间推荐农产品时，观众只能听到主播的声音，看到直播间的场景。在此基础之上，主播要进一步强化感官刺激，从味觉、嗅觉、触觉等角度全方位对观众进行感官刺激。例如，针对某款产品，主播可以详细描述自己鼻子闻到了什么气味、舌头尝到了什么味道、双手的触感如何、内心的总体感受是什么，这样的全方位感官描述会让观众更具代入感，以激发观众的购买冲动。

（2）声情并茂、充满激情地讲解

直播间大部分时间是主播一人在讲解，其状态也会在很大程度上影响到观众的购买热情，一个充满激情、声情并茂的主播，带给观众的感官刺激和感染力，一定会强于一个枯燥乏味、空洞无物的主播。

比如李佳琦在直播时，都是声情并茂、充满激情的，他有很多夸张的口头禅，比如“我的天哪”“买它买它买它”“Oh my god”“颜色也太好看了吧”“超好看”等。

他还有一些常用的直播句式，比如——

“你买到它的那一秒，没有人夸你好看，你来找我！”

“啧啧啧啧啧……我的天哪！”

“哇…… 怎么这么透亮？！”

“我好久好久好久……没有看到这种颜色了！”

“你只有拿到它，才知道它，多么多么多么好用！”

“好好看，真的美翻了天！”

不要小看这些口头禅和夸张的话语，一方面表现了主播对产品发自内心的喜爱，另一方面其充满激情的状态也能对观众产生无声的暗示，观众会在主播的感染下主动去购买。

（3）现场讨价还价

通过现场讨价还价，也能够给观众以最大限度的感官刺激。直播间讨价还价主要有两种模式：

第一，主播和观众的讨价还价。主播可以让观众给出他们认为合理的价格，引起观众的刷屏和评论，带火直播间氛围，直播期间场控人员要注意发挥好引领作用，将产品价格带向一个合理的区间，最后，主播综合大家的意见，给出一个极具诱惑力的直播间福利价，促使观众下单。

第二，主播和商家的讨价还价。即主播和产品提供方（老板）的砍价，老板可以只出声，不出现在镜头中，例如——

主播：“老板你看屏幕上观众的留言，大家对这款产品都很感兴趣，直播间进来的很多都是我的老观众，你看能不能再多给他们一些福利，每件价格再降10元，现在就直接让客服改价格！”

老板：“不行不行，绝对不行，这个价格已经最低了，再低我们农民的收益就没有保障了。”

主播：“直播间的朋友们，也请大家理解一下，农产品不同于其他产品，确实利润空间不大，再加上这款产品质量确实很好。这样吧，看在有很多忠实观众想要购买的份上，这优惠的10元算我个人的，算是我给大家的福利，不用老板承担，麻烦客服小姐姐改一下价格，想要的朋友抓紧抢购，只限200件。”

这种争论，主要目的是营造主播为观众谋福利的氛围，同时也让观众意识到产品价格确实已经到了极限，老板都不肯再降价，而需要主播来补贴观众，让观众感觉得到更多实惠，这样就有助于实现更多的成交。

（4）进行场景化介绍

主播可借用一些话术和句式来增强产品的场景化特征，给观众一种更具体、更直观的感官体验，同样举一个李佳琦的例子，他在描述产品时，喜欢用比喻句来强化产品的场景感，比如他在向观众推荐香水的时候，就会将直播间中那看不见也摸不着的香味比喻成“恋爱中的少女，开心地去找男朋友，那种很甜的感觉”“穿着白纱裙，在海边漫步的女生，非常干净的那种感觉”“下过小雨的森林里的味道”。

这样，通过场景化介绍，观众就能够直观地想象出香水的真实使用体验。

农产品描述，也非常适合使用这类句式进行场景化介绍，比如——

“你看那红彤彤的苹果，就像一个个小红灯笼。”

“葡萄挂在架子上，一串一串的，像紫色的珍珠。”

“烟台梨，个大皮黄，就像一个大葫芦，咬一口，甜滋滋的梨水渗入嗓子，就像吃了蜜一样。”

“熟透了的木瓜，闻着如同雨后的清新草木味，吃起来夹着一丝香甜。”

“瓜肚子大的木瓜是最好吃的。”

以上这些富有场景感的描述，可以加深观众的印象，增强观众身临其境的感觉，促使他们下单。

4. 形成对比：为交易达成加速

对比法，是促成交易的一种有效方法，即将不同成交条件的交易方式对比列举出来供观众选择，使其选择一种对自己更有利的成交方式。

在直播时，主播可借助对比的方法，促使观众购买。

（1）同竞品对比

不同品牌、不同价位、不同地域的产品，必然会存在很大差异，和同类产品进行对比，能够让观众直观地辨别出产品的优劣，也能更好地进行选购。

对比的基本原则是：价格高或是同等价位的产品要同竞品比质量，价格低的产品同竞品比价格、比性价比。

薇娅在直播间非常善于使用对比法，来刺激观众的购买欲望，比如当观众正犹豫是不是应当购买直播间的一款羽绒被时，薇娅就会用对比法说服观众：“商场里充绒500克的羽绒被售价都在1000元以上，我们这款充绒量1000克的羽绒被，售价只有600元，简直太划算了！”

观众一对比，发现果然如此，于是欣然下单。

再比如，近年来经常进入“三农”直播间的一款农产品——红薯粉条，该产品价格差别较大，观众往往真假难辨。据此，很多主播在带货该产品时，通常都会采用对比法说服观众。

“朋友们，买粉条千万不要单纯看价格便宜，因为正宗的红薯粉条，其原料成本是非常高的，价格也不会太便宜。另外，为了让大家更好地分辨真假红薯粉条，这里分享一些小技巧：

“第一，通过颜色来分辨。纯红薯粉制作出来的粉条颜色比较深，甚至有些发黑，粗细比较均匀，中间偶尔出现一些白色的小疙瘩，这都是正常的；而假的红薯粉条，一般颜色较浅，甚至通体透明。

“第二，用手折粉条来辨真假。纯红薯粉条是由纯红薯淀粉制作而成的，没有其他添加物，所以晒干后的粉条会非常脆，用手一折就断，晒干后也不容易返潮；假的红薯粉条则很难折断，因为里面很可能添加了食用胶。

“第三，通过闻气味辨真假。可将粉条放入水中浸泡片刻，真粉条不会出现异味，泡过的水也不会变色；假粉条则会出现酸味、霉味等异味，水也会变色。

“第四，用火烧辨真假。纯正的红薯粉条被火烧后，会起泡成白色灰，而混合的假粉条被火烧后则不起泡，颜色会变成黑色灰。

“第五，用水煮辨真假。纯正的红薯粉条经过水煮后，会变得晶莹剔透，有嚼劲，比较劲道，口感比较爽滑，但不易煮烂；假的红薯粉条则没有这些特性。”

这种直观而专业的比较，更容易让观众相信主播所推荐的产品，会放心地购买。

（2）同其他销售场景对比

主播可向观众强调，所售产品是直播间特惠价，该价格在其他任何平台都拿不到，是直播间观众的专属福利价，通常适用于人气比较高、带货量比较大、议价能力比较强的头部主播。

（3）同既往价格对比

比如，主播可采用这样的催单话术——

“现在正值一年一度的‘双11’大促，我们联合产品直供方，推出了年度最优促销活动，还有平台和我们主播的额外补贴，以让利观众，这个价格以前拿不到，以后也不会有，今年仅此一次，有需要的朋友们，一定要抓住机会了。”

（4）选择成交法

选择成交法适用的前提是：观众不是在买与不买之间做选择，而是在产品属性方面做选择，诸如产品价格、规格、性能、服务要求、订货数量、是否包邮、配送方式、售后服务等都可作为选择成交的提示内容。这种方法表面上是把成交主动权让给了观众，而实际只是把成交的对比选择权交给了观众，他们无论怎样选择，都会促成交易。

例如——

“这种礼品盒有两种包装，您要精装的还是简装的？”

“这种产品有3斤装的，有5斤装的，大家选择自己喜欢的分量即可。”

“这个产品一件不包邮，两件起可以包邮。”

5. 直击痛点：针对观众痛点进行销售

直播卖货，如何才能直击观众痛点，激发观众的购买欲望，促使观众立即行动？

我们先来看两组广告词——

第一组：

1. 突破科技，启迪未来。——奥迪

2. 一颗永流传。——DTC广告语

3. 中国网，宽天下。——中国网通

4. 一切皆有可能。——李宁运动

5. 引领进步之道。——米其林轮胎

第二组：

1. 除了安全，这里什么都不会发生。——神州专车

2. 小饿小困，喝点香飘飘。——香飘飘奶茶

3. 怕上火，喝王老吉。——王老吉

4. 同是跟团游，何不更享受。——途牛牛人专线

5. 如果你听了一课之后发现不喜欢这门课程，那你可以要求退回你的学费，但必须用法语说。——某法语学习班的招生广告

对比一下，哪一组广告词给人留下的印象更深刻？

显然是第二组！

第一组广告词只是在阐述企业理念，跟消费者没有任何直接关联，企业产品同消费者之间是一种弱关系，消费者自然懒得去理会。

再看第二组，传达的主题非常明确，产品能为用户解决什么问题、消除什么麻烦，直击用户痛点，更具传播力度。

第二组广告词，是基于用户痛点进行的针对性营销，传递的是实打实的干货。这种情况下，企业产品和消费者之间就由痛点架起了一座桥梁，转化为一种强关系，成交的可能性大大提升。

第一组广告词对应的是传统的营销、销售思维；第二组广告词对应的则是痛点营销、痛点销售思维。

销售中的痛点思维，本质上是一种问题思维。

痛点解决之前，它是问题，意味着不适、痛苦、抱怨、隔阂、分歧、误解。痛点解决之后，则是机遇，意味着舒适、机会、商机、达成一致、合作、财富。

直播带货中的痛点销售，针对观众对于价格、品质、品牌、性价比、售后服务的痛点，分别采取倾斜式的说服策略打动观众，促使其做出购买决定。

痛点解决之前，它是个问题，观众是痛苦的，痛则不通，难以达成交易。解决了观众的痛点，他们就会下单购买。

痛点，是一切销售的诱因，直播间销售也不例外。

很多看过直播的人都有这样的体验，一些有经验的主播总是能稳准狠地捕捉到观众的真实需求，也能够准确无误地戳中观众的痛点，能够让观众心痒痒忍不住下单，关键就在于他们懂得利用销售中的痛点思维。

【案例】

有一次薇娅在直播间销售美国生产的牙线，薇娅向观众讲解说：“你用牙签没关系，孩子很可能模仿大人养成不良习惯，导致牙缝变大、牙齿松动。”

直播间嘉宾李维嘉配合得非常好，立马说：“哎呀！流血了，使用牙签不要被小朋友们看到，真的很危险。”

薇娅又补充道：“孩子们也会模仿！”

这是典型地直击宝妈们的痛点，她们最大的痛点就是孩子不能受到丝毫的伤害，听了主播的讲解之后会有什么感受？原来孩子用牙签的后果这么严重，以后绝不能再用了，还是买牙线，安全又好用。

同样，对于农产品，也可以从产品安全的角度去针对消费者的痛点进行销售，比如，有农药残留的农产品，会给人体健康带来危害，而且也不利于儿童的智力发育。这样，无公害的绿色农产品优势一下就凸显出来了，从而给消费者一个唯一选择。

这就是痛点销售的威力所在。

6. 突出卖点：让观众在兴奋中下单

所谓卖点，简单来说，就是一个让观众接受的消费理由，最佳卖点也就是最强有力的销售理由。它是商品所具有的前所未有、与众不同的特点。这些特点一方面是产品与生俱来的，另一方面是主播提炼出来的。不论卖点从何而来，它都可以使直播间的产品和竞争对手的产品区别开来，对产品的销售等有着不可估量的拉动效应。

产品的卖点可能有很多，但每个产品都有它的核心卖点。20世纪50年代，著名的广告人R.雷斯提出“产品的核心卖点就是产品的独特销售主张”，这种观念对于直播带货有着重大的指导作用，它的意义体现在，能够告诉主播在推销中一定要向观众传达出所推销产品的独特销售主张，让他们明白能够从产品中可以获得什么具体利益，而且这种利益是竞争产品所不具备的。

传达的卖点必须强有力，必须聚集到一个点上，以此吸引观众购买产品。

伊恩·C.麦克米伦说：“企业所采用的战略应能够打破正常的产业发展进程并创造不利于竞争者的新的产业条件。”该观点套用在卖点提炼上，就是“我们的产品卖点，是要形成自己的独特竞争优势，并构筑不利于竞争对手的市场壁垒，这样才有销售机会”。

卖点必须要具有明显的排他性，制造不利于对手竞争的市场环境。

“怕上火喝加多宝”，加多宝凉茶提炼了“去火”这一排他性卖点，圈定了去火凉茶这一块市场，同时给竞争对手制造了进入壁垒，获得了优势竞争地位。

只要善于发现，每一种产品都会有它独特的卖点。在寻求产品卖点上，有很多切入点，比如从产品本身的性能入手，可以卖技术、卖品质、卖原料、卖包装、卖价格、卖服务等；从满足人们更高层次需求入手，可以卖情感、卖时尚、卖热点、卖公益、卖文化和卖梦想等。

需要提醒的是，销售卖点不是凭空想象出来的，需要遵循相应的卖点提炼准则（见图8–1）。

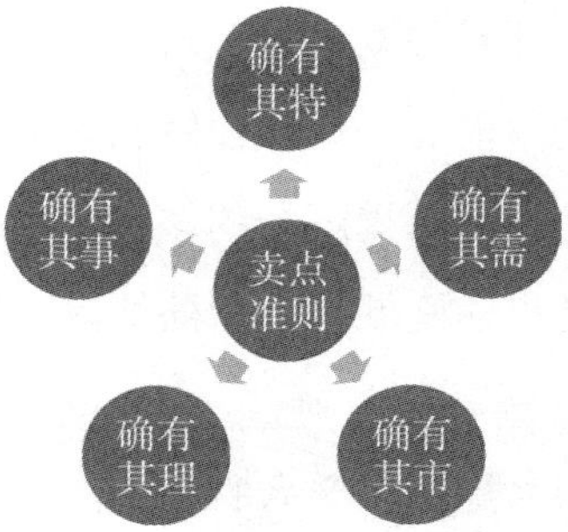

图 8–1　卖点提炼的基本准则

第一，确有其事。即产品卖点必须要建立在事实基础之上，不可过于夸大吹嘘，尺度要拿捏好，“太实在”的卖点可能不利于销售，“太不实在”的卖点又容易留下欺骗之嫌。

第二，确有其理。当向观众强调产品卖点时，他们一定会在心里打一个大大的问号——“你凭什么这样讲？”这就要求卖点背后需要有一套具有说服力的支撑体系，这套支撑体系要做到可信、易懂、易表述。

第三，确有其市。卖点对应的应当是大众市场，狭窄的小众市场会降低成交量和缩小成交空间。因此，卖点的针对人群要尽可能广泛，当然一些主打小众化的产品又另当别论。

第四，确有其需。主播所强调的卖点，反映到目标客户身上，要能够转化为实实在在的需求，这种需求有可能是实际市场需求，也有可能是潜在需求。

第五，确有其特。卖点在一定程度上就是产品和服务的竞争优势所在，要有别于其他竞品，做到与众不同。

农产品只要有独特卖点，就不怕卖不出去，有了卖点，再借助直播平台进行扩散，转化就很有效率了。可能因为产品质量好，也有可能因为产品体验感好，这都会吸引观众购买，都是提炼卖点的方向所在，我们可以在产品特色上、质量上、包装上、功能上做一些优化，帮助我们在传统电商的红海中，找到直播电商的蓝海。

需要注意，卖点越少越好，因为直播间单品推荐的节奏非常快，留给每一款产品的时间都很有限，而且观众也没有耐心听主播长篇大论去罗列产品的所有卖点，而核心卖点则只能有一条，要做到简单、直接。比如，有些农产品的卖点并不是很突出，但是主播所给的核心卖点往往就是一条——“我能够把价格谈下来，在我的直播间就是比别处便宜。”这也是吸引观众下单购买的核心卖点。

具体可以通过以下技巧来提炼农产品的卖点：

第一，从产品来源（环境、产地、区域公用品牌）入手提炼卖点。

第二，从唤醒观众对产品的某种感觉（味道、记忆、价值等）入手提炼卖点，例如某款乡土农特产可以唤醒某个人群小时候的记忆；某个产品可以唤醒观众的味觉。可以通过直播间的直观展示，给潜在消费者呈现美妙的口感，比如酸甜、多汁、清甜等。

第三，从同观众建立价值关联等入手提炼卖点，比如，某款产品能够给观众带来现实的既得利益，像常吃草莓可帮助观众消脂排毒、美白、减肥等。

第九章

售后运维：兑现销售承诺，做好售后服务

【本章关键问题】

- 如何对直播间销售的农产品进行分级筛选？
- 农产品的包装设计有哪些注意事项？
- 如何快速将订单产品送达消费者手中？
- 怎样选择高性价比的物流、快递公司？
- 如何妥善处理售后问题？

1. 分级筛选：依据量化标准对农产品进行筛选

对农产品进行分级筛选，目的是进行分级销售，是农产品商品化和标准化的一个重要手段。分级筛选主要是为了解决农产品以下非标准化问题：

第一，大小、重量、外观、色泽不一。

第二，外观有积压、划痕、鸟啄、发霉、腐烂、冻伤等损伤。

第三，口感不一致。比如，一箱同品种水果中，有的酸，有的甜，有的酸甜。

第四，成熟度不一致。比如，同样的农产品，有的不熟，有的熟了，有的则熟透了；有的软，有的硬。

自2004年开始，我国原农业部便启动了农产品全国统一质量分等分级标准制定工作，目前，我国制定的各级涉及食用农产品质量分级内容的标准有500多项，主要集中在蔬菜、水果、粮食、畜禽等农贸产品。

近年来，地方政府、农业生产企业也逐渐认识到农产品分级的重要性，农产品分级筛选的积极效应表现在四个方面：

第一，通过分级筛选来界定农产品的经济价值，将不同质量、不同标准的农产品进行区分销售，实现优质优价。

第二，有助于推动农产品生产、流动环节的标准化生产、标准化操作，减少浪费和损失，提升农产品生产的效率和销售效益。

第三，充分保证供需双方的利益，降低消费者的购买风险和消费心理反差。

第四，有效增强农产品的市场竞争力，促进农民增收脱贫。

农产品直播电商模式可以推动农产品分级筛选进程，其实施方向主要有：

第一，生产方（农户、生产基地、生产企业）自发进行农产品生产升级，利用科学手段进行农产品分级筛选，以增强农产品在直播电商销售模式中的竞争力，既可以亲自通过直播带货的模式进行销售，也可以同主播进行合作。

第二，主播及其团队根据农产品的分级标准寻找符合标准的供应商，或者对供应商提出分级筛选的标准进行定制化生产。

以往的农产品生产，很少有人按统一标准进行生产、筛选，后来即使有了初步筛选，基本上也是人工化筛选，全凭筛选者个人的主观标准、经验判断，甚至完全靠手感、观察来进行分级筛选，难以实现农产品分级筛选的科学化、量化标准。

科学的农产品分级筛选必须建立在借助相应的技术手段的基础上。

（1）细化分级筛选标准

为了更好地对农产品进行科学化分级筛选，要尽可能细化分级筛选标准，进行多维度、多角度的筛查。

比如，对于苹果的分级筛选，通常可以从成熟度、新鲜度、完美度、均衡度等维度进行分级，每一个大的维度下面还可以细化为许多细分指标，比如成熟度可以进一步从色度、口感进行衡量。

【案例】

百果园是集果品生产、贸易、零售为一体的水果全产业链企业，它创造性地提出了“四度一味一安全”标准，建立了严格的水果分级标准，根据糖酸度、新鲜度、爽脆度、细嫩度、香味、安全性等参数进行科学分级，成为国内首家大规模对水果进行标准化分级的企业，成功破解了水果销售中的标准化难题。

猫山王榴莲是马来西亚的特产，也是百果园境外货源之一，为了推进猫山王榴莲的标准化和科学化分级筛选，百果园发布了猫山王榴莲分级筛选标准，从种植环境差异、树龄差异、果肉饱满度差异、口感差异、个头大小差异等维度，将猫山王榴莲分为15个级别，像大芭猫山王就有9个单品等级。消费者下单时、维权时都有标准可依。

再比如生猪，如果是常规大宗品种，一方面可以根据生猪类型进行分级，另一方面可按照全国统一的质量分级模式分类；如是大宗外的三元猪肉则可以依照胴体重和背膘厚等衡量指标进行分级；对于黑猪肉、土猪肉等一些地方特色品种猪肉可通过肌内脂肪、不饱和脂肪酸、风味氨基酸等特征指标进行分级；对于特殊的猪肉产品如富硒猪肉，则可通过硒元素含量来确定产品质量等级。

（2）借助仪器进行分级筛选

在农产品分级筛选上，人工远没有仪器可靠。现在很多农业生产商和经销商，都用上了自动分拣机器，比如，水果大小分级可采用多孔分级器，瓜果甜度分级可以采用手持式测糖仪，存在色差的农产品分级可采用特制的色板，不仅提高了分拣效率和准确度，还降低了人工成本。

（3）借助多样化的技术手段进行分级筛选

农产品分级技术在不断地探索和创新中，农产品直播电商相关参与主体要敢于积极尝试，借助多样化的技术手段进行产品的分级筛选。

【案例】

“橙先生”是由国内另一家知名的新型生鲜零售企业天天果园所打造的一个水果标准品牌，它通过光谱测甜仪对云南冰糖橙进行分拣定级，每个橙子都会被贴上明确的甜度值标签。该设备通过使用光谱仪测定反射和发射的光线，利用精密镜头为每个橙子拍摄最多42幅照片，通过这些光谱照片，为水果建立一个完整的三维模型，可以对水果进行全面的缺陷检测，能更精准区分每个橙子的甜度。“橙先生”在售产品规格涵盖了11~14度的甜橙，数值越大，甜度越高。

在阿里巴巴的产地仓，可借助四通道数字化分选设备检测出每一个水果的酸甜度、果面光洁度，是否有霉斑、划痕等，果径可以精确到毫米，重量可精确到正负0.5克。

2. 冷库保鲜：执行高效的仓储作业流程

农产品直播电商当前尚存在冷链物流、仓储条件不足的痛点，再加上农产品产地物流快递成本偏高、效率偏低，导致一些生鲜农产品通过直播渠道销售到消费者手中时，会出现口感变差、损坏变质等问题，直接影响消费者的后续购买意愿。

农产品的最大特点是鲜食性，大多品种不易保存，不耐储藏，且运输半径短。因此，一定要对鲜活农产品做好冷藏保鲜工作，进行高效的仓储管理，构建一整套布局合理、重点突出、流通顺畅、服务农户的农产品仓储保鲜冷链体系，打通直播电商的冷链物流渠道，提升冷链物流保鲜技术。让农产品既能够通过直播带货模式卖出去，又能借助高效物流运输体系送出去，还要借助冷库保鲜、冷链物流将产品原汁原味地送达消费者家中。

截至2019年底，国内冷库的总容量已近7000万吨，冷库容量位列世界第三，但人均拥有量仅为0.1立方米，低于绝大多数国家。我国果蔬、肉类、水产品冷藏运输率分别为35%、57%、69%，也都远低于发达国家90%的平均水平。因此，冷库保鲜领域尚有极大的发展空间和市场机会。

不过冷库保鲜设施，建设难度大，投资也大，需要政府、农业农村部门、农业生产企业、物流企业、直播电商销售方、资本方共同努力、通力配合，寻找适合各自的农产品冷库保鲜运作模式。

2020年，农业农村部提出要重点在河北、山西、辽宁、山东、湖北、湖南、广西、海南、四川、重庆、贵州、云南、陕西、甘肃、宁夏、新疆16个省（区、市），聚焦鲜活农产品主产区、特色农产品优势区和贫困地区，选择产业重点县（市），主要围绕水果、蔬菜等鲜活农产品开展仓储保鲜冷链设施建设工作，鼓励各地统筹利用相关资金（贫困地区利用扶贫专项资金）开展农产品仓储保鲜冷链设施建设工作。

农产品冷库保鲜设施建设，可参照《农业农村部关于加快农产品仓储保鲜冷链设施建设的实施意见》的相关标准及要求。

（1）基本原则

第一，统筹布局、突出重点。坚持立足当前和着眼长远相结合，综合考虑地理位置、产业布局、市场需求和基础条件等因素，在鲜活农产品主产区、特色农产品优势区和贫困地区统筹推进农产品产地仓储保鲜冷链设施建设。优先支持扶贫带动能力强、发展潜力大且运营产地市场广的新型农业经营主体。

第二，市场运作、政府引导。充分发挥市场配置资源的决定性作用，坚持投资主体多元化、运作方式市场化，提升设施利用效率。政府要发挥引导作用，通过财政补助、金融支持、发行专项债等政策，采用先建后补、以奖代补等形式，带动社会资本参与建设。

第三，科技支持、融合发展。坚持改造与新建并举，推动应用先进技术设备，鼓励利用现代信息手段，构建产地市场信息大数据，发展电子商务等新业态。促进产地市场与消费需求相适应，融入一体化仓储保鲜冷链物流体系，形成可持续发展机制。

第四，规范实施、注重效益。立足各地实际，规范实施过程，完善标准体系，提升管理和服务水平。在市场化运作的基础上，完善带农惠农机制，提升鲜活农产品应急保障能力，确保运得出、供得上。

（2）建设内容

新型农业经营主体根据实际需求选择设施类型和规模，在产业重点镇和中心村鼓励引导设施建设向田头市场聚集，可按照“田头市场+新型农业经营主体+农户”的模式，开展仓储保鲜冷链设施建设工作。

第一，节能型通风贮藏库。在马铃薯、甘薯、山药、大白菜、胡萝卜、生姜等耐贮型农产品主产区，充分利用自然冷源，因地制宜建设地下、半地下贮藏窖或地上通风贮藏库，采用自然通风和机械通风相结合的方式保持适宜贮藏温度。

第二，节能型机械冷库。在果蔬主产区，根据贮藏规模、自然气候和地质条件等，采用土建式或组装式建筑结构，配备机械制冷设备，新建保温隔热性能良好、低温环境适宜的冷库；也可对闲置的房屋、厂房、窑洞等进行保温隔热改造，安装机械制冷设备，将其改建为冷库。

第三，节能型气调贮藏库。在苹果、梨、香蕉和蒜薹等呼吸跃变型果蔬主产区，建设气密性较高、可调节气体浓度和组分的气调贮藏库，配备碳分子筛制氮机、中空纤维膜制氮机、乙烯脱除器等专用气调设备，对商品附加值较高的产品进行气调贮藏。

根据产品特性、市场和储运的实际需要，规模较大的仓储保鲜冷链设施可配套建设强制通风预冷、差压预冷或真空预冷等专用预冷设施，并配备必要的称量、除土、清洗、分级、愈伤、检测、干制、包装、移动式皮带输送、信息采集等设备以及立体式货架。

（3）组织实施

按照自主建设、定额补助、先建后补的程序，支持新型农业经营主体新建或改扩建农产品仓储保鲜冷链设施。各地要完善工作流程，确保公开、公平、公正。推行从申请、审核、公示到补助发放全流程线上管理。

第一，编制实施方案。各省（区、市）农业农村部门应细化编制实施方案，做到思路清晰，目标明确，重点突出，措施有效，数据翔实。具体包括以下内容：基本情况、总体思路、主要目标、空间布局、建设内容、实施主体、资金支持、进度安排、保障措施及其他。省级农业农村部门要会同相关部门制订发布本地区农产品仓储保鲜冷链设施建设实施方案、技术方案、补助控制标准、操作程序及投诉咨询方式、违规查处结果等重点信息，开展农产品仓储保鲜冷链设施建设延伸绩效管理，并报送工作总结和绩效自评报告。

第二，组织申报建设。新型农业经营主体通过农业农村部新型农业经营主体信息直报系统申报或农业农村部重点农产品市场信息平台申报建设仓储保鲜冷链设施。申请主体按规定提交申请资料，对真实性、完整性和有效性负责，并承担相关法律责任。县级农业农村部门要严格把关审核过程，公示实施主体，对未通过审核的主体及时给予反馈。实施主体按照各地技术方案要求，自主选择具有专业资格和良好信誉的施工单位开展建设工作，采购符合标准的设施设备，承担相应的责任和义务，对建设的仓储保鲜冷链设施拥有所有权，可自主使用、依法依规处置。设施建设、设备购置等事项须全程留痕。

第三，组织开展验收工作。新型农业经营主体完成仓储保鲜冷链设施建设后向县级农业农村部门提出验收申请，县级农业农村部门会同相关部门，邀请相关技术专家进行验收。验收合格后向实施主体兑付补助资金，并公示全县仓储保鲜冷链设施补助发放情况。

第四，强化监督调度。各地农业农村部门建立健全仓储保鲜冷链设施建设管理制度，加强实施过程监督、定期调度，发布资金使用进度，根据实施进展及时开展现场督查指导工作。充分发挥专家和第三方的作用，加强督导评估，强化政策实施全程监管。

3. 妥善包装：做好农产品的包装设计

“农产品+直播”模式，对产品标准化程度要求较高，标准化的其中一个重要表现就是包装的标准化、规范化，经直播间售出的农产品需要进行统一的包装，然后再送达每一位消费者手中。

农产品包装表现在三个层面：

（1）确保产品完损无缺

直播间售出的农产品在打包时，要严格根据各张订单的详情，首先确保产品是完好无损、足量无缺的。同时，为了增强消费者的信心和好感，还可在农产品包装上完善生产信息，比如日本市场上的农产品包装上除了印有产品名称和产地外，还有生产者的名字，甚至农夫的照片，目的就是让消费者对产品更放心。

（2）讲究产品包装设计的美感

包装也是产品竞争力的一种表现形式。现实中不乏这样的情况，消费者对产品的满意度一般，却因为对产品的包装非常满意仍然愿意再次消费。因为，包装的好坏已经成为决定商品是否受欢迎的一个重要影响因素。同时，具有设计感和美感的产品包装，本身也能提升产品品味和附加值，消费者愿意为这部分溢价买单。

包装好的农产品，要通过直播镜头展示给观众，使其成为吸引观众关注、促使观众下单的一个卖点。

在进行农产品包装设计时，要结合产品自身的特点，设计出有创意且符合环保要求的包装方案，既能给消费者带来视觉上的美感，同时也能宣扬环保理念和可持续发展理念。

（3）产品包装要符合物流运输要求

农产品包装除了要考虑美观外，由于其自身的一些独特属性，比如生鲜农产品容易磕碰、水分易流失等特点，还要充分考虑到农产品运输物流的需要，确保产品得以完好无损地送达消费者手中。

农产品尤其是生鲜农产品、水果常用的包装材料有（见表9-1）：

表9-1　农产品常见包装材料

序号	品名	材质及优缺点
1	瓦楞纸箱	瓦楞纸箱是当前使用最广泛的一种农产品包装材料。其结构有2层、3层和5层之分，对于特殊的农产品，还有7层或更多层的高强瓦楞纸板，用来满足更高的包装需求。 优点：重量轻、缓冲性能量好、造型结构可塑性强、无废弃公害。 缺点：瓦楞纸箱防水能力较差，其抗压强度也容易受湿度变化影响。
2	木箱	木质的各种规格的包装箱。 优点：结实，可以制作成各种规格统一的形状，抗物理损伤的能力要强于其他材质包装箱。 缺点：重量较重，不利于搬运、运输
3	竹筐	用竹子、荆条等天然植物材料编制而成的筐，是一种传统的包装容器。 优点：便宜、轻便，几乎可以是任意大小和形状，就地取材方便。 缺点：形状不规则，不够坚实，在运输和贮藏中难以有效地进行堆码
4	塑料筐	材质包括较硬的高密度聚乙烯型和较软的低密度聚苯乙烯型，是装载库存水果和蔬菜的专用周转工具，有网眼可叠、网眼可套、封闭可套几种类型。 优点：结实，强度高，能够承受运输流通中所承受的各种压力，能堆码一定高度，规格统一。 缺点：成本较高，不太适合作为一次性使用产品
5	塑料泡沫箱	以泡沫塑料（多空塑料）为材料制成的箱式包装容器。 优点： 成本低、重量轻、防水防潮效果好，能够有效缓冲防震，且其尺寸、规格、形状可根据不同产品的装运需求进行个性化生产加工和设计。 缺点：如果用力过大，容易碎裂，容易被压碎，从而损害产品

（续表）

序号	品名	材质及优缺点
6	塑料盒	即塑料制成的盒装包装容器。 优点：易于成型，包装效果好，且塑料品种多，易于着色，防水，价格低廉，便于装箱，便于携带。 缺点：受外力挤压时，容易变形
7	泡沫网套	以低密度聚乙烯为主要原料挤压生成的高泡沫制品，可有效减少和防止农产品运输途中的相互碰撞和挤压，常用于水果包装。 优点：泡沫网套包装后的水果，不仅美观，而且通气，可有效预防水果腐烂，防磨损、减少碰压伤，还可起到一定的防震作用
8	气泡膜	又称气垫膜、气珠膜、气泡布、气泡纸、泡泡膜，是最常见的物流防震包装产品。 优点：成本低，使用简便，有一定的抗震效果，可减少产品运输途中的机械损伤
9	充气袋	又叫气柱袋、气囊袋，是由多个气柱组合而成的，气柱之间用逆气阀阻断空气回流。 优点：抗震效果突出，适合所有形状的农产品的包装，还防湿、防潮、防水浸。同时还可提升产品的美观度，看上去更正规，而不是随意放一些填充物
10	保鲜袋	保鲜袋是将防腐剂、乙烯脱除剂等填充到造纸原料中或者直接涂布在造好的纸张上，从而达到农产品保鲜的目的。 优点：保鲜袋除了能够保护产品在储运过程中不受到机械损伤，还能阻隔病原微生物，从而防止病原微生物传染，能够减少产品水分流失，尤其适合葡萄、水蜜桃等水果的保鲜包装
11	冰袋	对农产品储运中起保鲜作用的产品，通常400克重的冰袋，在常温下可维持大概4～6小时，放在普通的泡沫箱里则可维持20小时左右，才能融化完。 优点：成本低，是农产品保鲜的常用产品，适合短时间、短途产品保鲜

农产品直播电商从业人员还应时刻关注包装行业的发展趋势和创新产品，及时用到产品包装上，以提升农产品包装、储运效果，同时也能提升消费者的消费体验，从而形成购买力。

例如，全球包装行业领导者之一的瑞典莫迪维克公司推出的爱福袋，就是应用在生鲜农产品“最后一公里”常温环境配送的创新包装产品，无须冷媒，就可实现冷藏和冷冻食品长达24小时，食品级纸袋可循环使用。

4. 物流配送：选择性价比最高的配送商

随着直播电商的市场规模日益扩大，背后存在的问题也开始逐渐浮出水面，其中物流配送的时效问题已成为农产品售后无法回避的一大痛点。

消费者A家住东北地区，她从某直播间下单购买了一些海南的热带水果，结果从下单到收货辗转10余天，这名消费者称："本来很期待的，一打开看，全都长毛了。"

消费者B居住在某省，当他收到在直播间购买的海产品时，同样非常失望："我看他们在直播上说，所有的海产品都是冷链运输，保证拿到货还是新鲜的，可是到货我一看，里面冰都化光了，海鲜泛黄，很倒胃口。"

面对这些情况，即使商家信誉良好、售后服务态度良好，给消费者退货和赔款，也会严重影响其再次消费的信心。

直播带货绝不仅仅是把货物销售出去就万事大吉，商品售后还要面临一系列工作和挑战，每一件农产品从直播间到消费者手中的流转过程，离不开高效的物流配送体系，如何快速、高效、低成本、完好地将产品送达下单消费者手中，是直播电商从业者无法回避的一个重大命题。

（1）快速发货

直播结束后，要快速组织人力、物力，在承诺的时间内将订单货物发出，交到物流、快递公司手中。

通常，发货速度越快越好，即便直播电商无法做到诸如京东、苏宁易购之类的大电商平台当日达、次日达的配送效率，实际发货效率也要做到如下标准：

第一，下单后24小时内发货。

第二，苏浙沪等沿海地区2～3天送达。

第三，偏远地区3～5天送达。

如果是生鲜农产品，要进一步提高发货效率，缩短快递送达周期。

（2）第三方仓储

有些直播团队并没有自己专属的仓储设施，为了提高运营效率，可选择第三方仓储公司进行合作，在选择第三方仓储公司时，首先要分析自身需求，可从以下几方面进行：

第一，物流规模大小。

第二，客户群体分布情况。

第三，每日进出库数量，SKU数量。

第四，商品周转率情况。

第五，配送时效要求和配送范围。

第六，对储存空间有什么要求。

第七，仓储预算。

对于第三方仓储公司的合作考察，可从以下几个角度展开：

第一，硬件设施是否符合要求。

即第三方仓库的硬件、软件设施是否完善，是否符合特定农产品的储存要求，是否满足消防要求，能否确保产品安全、新鲜。

一定要去对方仓库进行实地考察，看是否干净整洁，区域划分是否明确，比如包装区、库存区、入库区、退货区、二次加工区等是否一目了然。

第二，费用是否合理。

要在安全性、服务性和收费上找到一个平衡点，尽可能选择性价比高的仓储公司，但不建议一味追求低价，只考虑价格，而不考虑其他要素。

第三，人员配置和操作流程是否规范。

管理规范的仓储公司会有完善的人员配置和团队分工，通常仓库人员的配置有：项目组、客服组、收货组、库存组、发货组、二次加工组、IT（互联网技术）团队。日常沟通协调的任务由项目组完成，日常问题处理由客服组完成。

还要看其操作流程是否规范，是否具备严格的SOP流程，包含产品入库、上架、发货、退货、二次加工等，是否具备完整流畅的服务运作体系。

第四，是否可以提供个性化服务。

对于带货方而言，所带货产品有可能是不固定的，所以需要一些个性化的仓储服务。看仓储方能否在仓储环境、配送时效、配送地点、配送方式等方面满足个性化的要求，提供个性化仓储服务。

第五，口碑如何。

可通过仓储公司的服务客户和服务案例，对其口碑进行评判，也可以通过第三方侧面了解其服务口碑。

（3）如何选择快递公司

对于快递公司的选择要结合服务态度（揽件态度和送达态度）、服务费用、快递时效三方面进行综合考虑，找到适合自身的一个平衡点。通常，发货量越大，同快递公司谈合作条件的谈判能力和议价能力也就越强。

中国企业品牌研究中心的数据显示，2019年我国快递服务顾客满意度指数得分排名第一的是顺丰速运，顾客满意度最低的为中铁快运，排名详情见表9-2，在选择快递公司时可参考该排名。

表9-2　2019年国内快递公司客户满意度排名

排名	快递公司
1	顺丰速运
2	京东快递
3	德邦
4	申通快递
5	中国邮政
6	圆通速递

（续表）

排名	快递公司
7	韵达速递
8	联邦快递
9	中通快递
10	百世快递
11	宅急送
12	天天快递
13	中铁快运

（4）生鲜农产品的冷链配送

生鲜农产品主要包括海鲜水产、肉蛋、奶制品、粮油、水果、蔬菜等，这些商品的毛利率高、重复购买率高，是生活必需品。但与此同时，保质期短和易损耗亦是生鲜产品的显著特征，需要借助冷链物流进行配送。

直播电商带货生鲜农产品，绕不过冷链物流配送问题，冷链物流（Cold Chain Logistics）被国际物流行业称为物流领域的“珠峰”，甚至在业内还有这样的论断：“在生鲜电商厮杀中，谁赢了物流，便赢了江湖。”

作为农产品销售方，在选择冷链物流时，考虑要素主要有：

第一，保鲜效果。即冷链物流服务商能否达到商家要求的产品保鲜效果。

第二，服务费用。冷链物流服务费用要高于普通物流和快递，要看服务费用是否在自身承受范围之内。

第三，配送时效。即服务商能否在限定时间内将生鲜产品及时送达消费者手中。

5. 售后服务：第一时间处理售后问题

直播间消费者下单，并不意味着成交，也不意味着销售的结束，更不意味着直播方相关人员可以松一口气了，接下来还有一系列的售后工作需要认真、谨慎地去完成，日本销售大师原一平认为：“成交之后才是销售的开始。”

据统计，开发一个新客户的时间成本是维护一个老客户的时间成本的6倍以上。因此，与其费尽心机地去不断开发新的客户，还不如维护好已经下单的老客户，做好售后服务，使其成为回头客、口碑客。

直播间售出的农产品配送过程中及送达消费者手中后出现的一系列问题，都属于售后问题，虽然售后工作是农产品销售的最后一个环节，但是务必不能掉以轻心，因为这一步是赢得消费者回购率和满意度的关键。

中国广告协会发布的《网络直播营销行为规范》中第十八条也有售后服务的条款：“商家应当依法保障消费者合法权益，积极履行自身做出的承诺，依法提供退换货保障等售后服务。”

直播销售方务必要注重直播电商的售后服务问题。

（1）及时回答各种售后问题

直播结束后，对于已下单消费者提出的各种售后问题，要有专人负责对接、解答，对消费者提出的以下问题，要及时做出回应:

第一，订单何时发货的问题。

第二，物流信息相关问题。比如快递公司或物流公司是哪家，单号是什么。

第三，货物运输途中出现的其他问题。

（2）退换货问题

对于提出退换货问题的消费者，要根据既定的退换货政策快速予以响应，不推诿责任，直面问题。

第一，对于符合退换货条件的，无条件予以退换货，并表达自己的歉意。

第二，对于不符合退换货条件的，要了解清楚消费者要求退换的理由，实在无法进行退换货的，要给以合理的解释，安抚消费者。

第三，如果因物流运输而出现退换货问题，要及时予以受理，随后再向第三方物流、快递公司进行追责。

（3）消费者投诉问题

消费者投诉的是那些让他们感觉到不满甚至愤怒的地方，如果解决不好，不仅会危及客户关系，影响老客户口碑，也会在新阶段的直播带货中，遇到同样的问题。因此，务必要予以重视。

消费者提出抱怨或投诉，对售后的某些环节表示不满，售后服务工作中最棘手的就是处理此类事情。但是，我们换位思考一下。消费者有投诉与抱怨表明他们对直播带货方仍有期待，希望直播带货方能提高服务水平，他们投诉与抱怨时实际上是直播带货方改进工作、提高消费者满意度的机会。如果消费者的投诉与抱怨得到圆满处理，其忠诚度会更高，所以说，投诉与抱怨并不可怕，可怕的是不能有效地化解抱怨，最终导致客户流失。

处理售后投诉问题时要把握好以下基本原则：

第一，耐心多一点。要耐心地倾听消费者的抱怨，不要轻易打断他们的叙述，也不要做出任何辩解和推卸责任的行为，而是鼓励他们倾诉，让他们尽情宣泄心中的不满。当你耐心地听完了对方的抱怨后，当他们得到了发泄的满足之后，就能够比较自然地听进你的解释和道歉了。

第二，态度好一点。消费者有抱怨或投诉就表示他们对直播间售出的产品或相关服务不满意，从心理上来说，他们觉得自己吃了亏。因此，如果在处理过程中态度不友好，会让他们情绪很差，会恶化与消费者之间的关系。反之，若客服人员态度诚恳，礼貌热情，会缓解他们的抵触情绪。

第三，动作快一点。处理投诉的动作快，一来可让消费者感觉受到了尊重，二来表示解决问题的诚意，三来可以及时防止对方的“负面污染”造成更大的伤害，四来可以将损失降至最小。一般接到消费者投诉或抱怨，线上或电话中了解详细信息后，要当即给予答复，不能立即回复的，要迅速向上级报告，协商好处理方案，最好当天给消费者答复。

第四，语言得体一点。消费者对直播带货方的产品和服务不满，在发泄不满的过程中有可能会言语过激，如果客服人员与之针锋相对，势必恶化彼此关系。因此，在解释问题的过程中，措辞要十分注意，要合情合理，得体大方，不要说伤人自尊的语言，尽量用婉转的语言与之沟通。即使是对方存在不合理的地方，也要保持冷静和理性。否则，只会激化矛盾。

第五，补偿多一点。消费者投诉，很大程度是因为他们在直播间购买商品后利益受损。因此，投诉之后，他们往往会希望得到补偿，这种补偿有可能是物质上（如更换产品、退货或赠送礼品等）的，也可能是精神上的（如道歉等）。在补偿时，如果消费者得到额外的收获，他们会理解你的诚意而重建信心的。

第六，层次高一点。消费者提出投诉或抱怨之后都希望自己的问题受到重视，处理投诉问题的人员的层次会影响消费者期待解决问题的情绪。对于普通客服人员无法解决的消费者投诉问题，可以适时请出主播或直播团队的领导来亲自处理消费者投诉问题，这会在很大程度上化解对方的怨气和不满，因为很多消费者本身就是主播的粉丝，由主播亲自出面解释，会大大缓解他们的不满情绪，问题处理起来就会简单许多。